XINNENGYUAN QICHE
DONGLI DIANCHI XITONG
JI GUANJIAN JISHU

新能源汽车
动力电池系统及关键技术

张洪利　杨爱喜　闫亚琳　著

化学工业出版社

·北京·

内容简介　　《新能源汽车动力电池系统及关键技术》一书内容依托"杭州职业技术学院文库",通过系统的章节安排,不仅详细介绍了动力电池系统的结构设计与工作原理,还深入剖析了当前最前沿的技术发展与应用。首先,本书从动力电池的基础概念出发,为读者构建了动力电池技术的知识框架。随后,逐步深入到电池材料的选择与性能优化、电池管理系统的设计与控制策略、热管理与安全保护机制等关键技术环节。每一章节都紧密围绕提升电池性能、延长使用寿命、确保安全性等核心目标展开,力求为读者提供全面而详尽的技术指导。此外,本书还特别关注了动力电池系统的集成与优化、充电基础设施的建设与智能化管理,以及动力电池回收利用与环保等热点问题。这些内容的加入,不仅拓宽了读者的视野,也体现了本书对新能源汽车产业可持续发展的深切关注。

本书适合新能源汽车电池方向的研发人员、技术人员阅读参考,也可以作为高等院校汽车相关专业的教材使用,对新能源汽车感兴趣的人群也可以阅读。

图书在版编目（CIP）数据

新能源汽车动力电池系统及关键技术 / 张洪利, 杨爱喜, 闫亚琳著． -- 北京 : 化学工业出版社, 2024.12. -- ISBN 978-7-122-46569-6

Ⅰ．U469.720.3

中国国家版本馆CIP数据核字第2024CD1731号

责任编辑：雷桐辉
文字编辑：温潇潇
责任校对：王　静
装帧设计：王晓宇

出版发行：化学工业出版社
　　　　　（北京市东城区青年湖南街 13 号　邮政编码 100011）
印　　装：高教社（天津）印务有限公司
787mm×1092mm　1/16　印张 13$\frac{1}{2}$　字数 283 千字
2025 年 1 月北京第 1 版第 1 次印刷

购书咨询：010-64518888
售后服务：010-64518899
网　　址：http://www.cip.com.cn
凡购买本书,如有缺损质量问题,本社销售中心负责调换。

定　　价：79.80元　　　　　　　　　　　　　　　　　　　版权所有　违者必究

前言

汽车产业的智能化、网联化、电动化发展，已经是大势所趋。近几年，新能源汽车产业实现了跨越式发展，而动力电池作为新能源汽车的心脏，在产业链中扮演着极为重要的角色。

随着相关技术的进步，动力电池的结构、材料、工艺等不断取得突破，不仅逐步满足了市场对于动力电池高能量密度、低开发成本、高安全性和可靠性、长使用寿命、快速充电以及智能电池管理等方面的需求，更有效提升了电动汽车的整体性能，推动了新能源汽车行业的高质量发展。

纵观全球新能源汽车动力电池市场，我国已经取得了明显的领先优势。比如，在材料方面，与动力电池发展密切相关的正负极、电解液、隔膜等关键材料，我国已经全部能够自主生产，而且新型材料的研发和应用速度也不断加快；在结构方面，无模组、电池底盘一体化等新型电池结构在国产新能源汽车中获得应用，它具有提高结构效率、减轻整车重量、增加续航里程等诸多优势。此外，人工智能、物联网等新兴技术的进步，也能够为我国动力电池行业的发展带来新的机遇和挑战。

可以说，产业政策的陆续出台和各大企业的蜂拥入局，让我国动力电池产业在系统集成、智能管理等方面得到了不断创新，使我国的动力电池产业进入了发展的"下半场"。因此，如何寻找新的机遇、应对未来的挑战，就成了我国动力电池产业需要解决的重点问题。

2024年，"发展新型储能"首次写进政府工作报告，新型储能产业成为与我国经济社会发展密切相关的战略性产业。而动力电池产业不仅是新能源汽车产业发展的关键，也是新型储能产业的重要组成部分。规模效应的存在，必将使得动力电池的技术愈加成熟、成本不断下降，市场潜力能够得到进一步释放。

经过多年的探索，我国动力电池产业的整体发展形势向好，国产动力电池在核心技术、成本价格以及市场占有率等方面均体现了明显的先发优势。得益于完善的产业链和创新链，国内动力电池企业"出海"的步伐也不断加快。根据彭博社提供的数据，2025年，全球动力电池需求有望达到1200GWh。当下海外市场动力电池的产能相对有限，加之技术、成本等多重因素的影响，均为我国动力电池出口提供了良好的机遇。通过布局国际市场，我国动力电池企业的市场所占份额将不断上升。

本书依托浙江省教育厅国内访问工程师校企合作项目"电动汽车动力锂电池热管理与散热机理及控制关键技术研究"（项目编号：FG2023044），张洪利担任该项目负责人，项目成员为奇瑞新能源汽车股份有限公司王飞、姚意，杭州职业技术学院杨爱喜、李兰友。此外，本书由技术开发项目"智能移动自卸充电车开发"（项目编号：2023HX051）和杭州职业技术学院高层次人才科研启动费支撑。

本书立足于当前全球新能源汽车产业的发展现状与趋势，注重理论与实践相结合，分别从新能源汽车动力电池概述、动力电池的分类与原理、动力电池包设计与优化、电池管理系统BMS、动力电池安全管理技术、动力电池热管理技术、新能源汽车充电系统7大维度出发，全面阐述新能源汽车动力电池的系统架构、关键技术与控制策略，并辅以大量的结构图、框图和表格，力图让读者全面掌握动力电池系统及关键技术应用。因此，本书不仅可以供广大新能源汽车行业从业者学习参考，也可供汽车相关专业的院校作为教材选用，并可作为相关行业的培训用书。

著者

Contents 目录

第 1 章 新能源汽车动力电池概述

1.1 动力电池的基础知识 …… 002
　1.1.1 动力电池的基本结构 …… 002
　1.1.2 动力电池的主要类型 …… 005
　1.1.3 动力电池的关键技术 …… 008
　1.1.4 动力电池的性能指标 …… 010

1.2 动力电池产业链图谱 …… 012
　1.2.1 动力电池产业链上游 …… 012
　1.2.2 动力电池产业链中游 …… 014
　1.2.3 动力电池产业链下游 …… 016

1.3 动力电池的集成技术 …… 016
　1.3.1 典型式集成技术 …… 016
　1.3.2 无模组式集成技术 …… 018
　1.3.3 一体化式集成技术 …… 020

1.4 新能源汽车充电技术 …… 023
　1.4.1 蓄电池充电技术要求 …… 023
　1.4.2 传统充电技术设备 …… 026
　1.4.3 无线充电技术设备 …… 028
　1.4.4 充电桩布设方案 …… 029

第 2 章 动力电池的结构与原理

2.1 锂离子电池结构与原理 …… 032
　2.1.1 锂离子电池的发展历程 …… 032
　2.1.2 锂离子电池的结构原理 …… 033
　2.1.3 锂离子电池的主要分类 …… 035
　2.1.4 锂离子电池的性能指标 …… 037
　2.1.5 聚合物锂电池的类型与优点 …… 039
　2.1.6 磷酸铁锂电池的特性与应用 …… 041

2.2 镍氢电池结构与原理 …… 044
　2.2.1 镍氢电池的基本结构 …… 044
　2.2.2 镍氢电池的工作原理 …… 046
　2.2.3 镍氢电池的主要特性 …… 048

	2.2.4 镍氢电池与镍镉电池的比较	052
2.3	铅酸电池的结构与原理	053
	2.3.1 铅酸电池的基本结构	053
	2.3.2 铅酸电池的工作原理	056
	2.3.3 铅酸电池的技术参数	058
	2.3.4 铅酸电池的维护方法	060
2.4	燃料电池的结构与原理	062
	2.4.1 燃料电池的基本结构	062
	2.4.2 燃料电池的工作原理	064
	2.4.3 燃料电池的主要类型	065

第 3 章 动力电池包设计与优化

3.1	动力电池包的基础知识	071
	3.1.1 动力电池包的基本结构	071
	3.1.2 动力电池包的关键技术	073
	3.1.3 电池包的安全性	076
	3.1.4 国内外动力电池包发展现状	079
3.2	电池包结构设计与优化	081
	3.2.1 机械结构设计	081
	3.2.2 高压电气设计	083
	3.2.3 热管理系统设计	083
	3.2.4 集成方案设计	085
3.3	电池包轻量化设计策略	086
	3.3.1 动力电芯轻量化设计	086
	3.3.2 箱体材料轻量化设计	089
	3.3.3 壳体结构轻量化设计	091
	3.3.4 制造工艺轻量化设计	093

第 4 章 电池管理系统 BMS

4.1	BMS 架构及芯片技术	096
	4.1.1 BMS 的硬件架构	096
	4.1.2 BMS 的软件架构	098
	4.1.3 BMS 的芯片技术	099
4.2	BMS 的传感器应用	103
	4.2.1 电流传感器	103
	4.2.2 温湿度传感器	106

		4.2.3	电压传感器	**107**
		4.2.4	位置传感器	**107**
	4.3	电池状态的监测与评估		**108**
		4.3.1	电压监测	**108**
		4.3.2	温度监测	**109**
		4.3.3	电流监测	**111**
	4.4	动力电池 SOC 估计算法		**114**
		4.4.1	安时积分法	**114**
		4.4.2	开路电压法	**115**
		4.4.3	基于模型方法	**116**
		4.4.4	机器学习方法	**117**
	4.5	动力电池均衡控制管理		**118**
		4.5.1	单体电池连接方式	**118**
		4.5.2	均衡控制工作原理	**120**
		4.5.3	均衡控制案例分析	**123**

第 5 章 动力电池安全管理技术

	5.1	热失控特征及其机理分析		**128**
		5.1.1	动力电池热失控的特征分析	**128**
		5.1.2	动力电池内部短路机理分析	**130**
		5.1.3	动力电池外部短路机理分析	**131**
		5.1.4	动力电池热失控的防范措施	**132**
	5.2	安全防护设计及预警方法		**133**
		5.2.1	电池单体安全性设计	**133**
		5.2.2	电池系统安全防护设计	**136**
		5.2.3	热失控早期报警方法	**141**
		5.2.4	基于大数据的安全预警方法	**143**
	5.3	热失控被动控制与防护方法		**145**
		5.3.1	热失控扩散隔离	**145**
		5.3.2	热失控阻断方式	**148**
		5.3.3	电池灭火方式选择	**149**
		5.3.4	车载动力电池灭火系统	**150**
	5.4	动力电池安全管理发展趋势		**152**
		5.4.1	从机理分析到系统设计优化	**152**
		5.4.2	从被动安全防护到主动预测	**154**

第 6 章 动力电池热管理技术

6.1 新能源汽车电池热管理 **158**
    6.1.1 动力电池热管理概述 **158**
    6.1.2 动力电池热管理技术分类 **159**
    6.1.3 动力电池热管理发展方向 **160**

6.2 动力电池散热系统与原理 **163**
    6.2.1 空气冷却系统 **163**
    6.2.2 液体冷却系统 **166**
    6.2.3 热管冷却系统 **167**
    6.2.4 相变材料冷却系统 **168**

第 7 章 新能源汽车充电系统

7.1 新能源汽车电池充电系统概述 **171**
    7.1.1 电池充电的常见方式 **171**
    7.1.2 充电系统的基本组成 **173**
    7.1.3 充电系统的功能划分 **175**
    7.1.4 帝豪 EV450 的充电系统 **180**
    7.1.5 帝豪 EV450 的充电原理 **182**

7.2 交流充电系统的组成、原理与控制策略 **186**
    7.2.1 交流充电系统的组成 **186**
    7.2.2 交流充电系统的电气原理 **187**
    7.2.3 交流充电系统的控制策略 **189**

7.3 直流充电系统的组成、原理与控制策略 **191**
    7.3.1 直流充电系统的组成 **191**
    7.3.2 直流充电系统的电气原理 **192**
    7.3.3 直流充电系统的控制策略 **193**

7.4 无线充电系统原理与关键环节 **195**
    7.4.1 无线充电的研究现状 **195**
    7.4.2 无线充电系统的技术原理 **196**
    7.4.3 无线充电的关键环节 **199**

参考文献

第 1 章

新能源汽车动力电池
概述

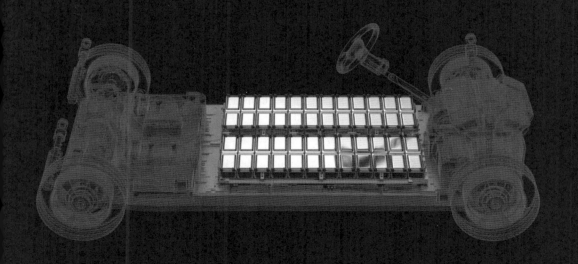

1.1 动力电池的基础知识

1.1.1 动力电池的基本结构

随着经济全球化深入发展，我国新能源汽车产业也要加入经济全球化的大潮当中，积极参与国际合作和竞争。为了缓解环境污染问题，保障人们的健康生活，提高交通能源转型的速度，我国应加大新能源汽车创新力度，从实际情况出发深入研究动力电池技术，并在此基础上对动力电池进行改良，以便在最大限度上发挥动力电池的作用，利用动力电池来为汽车的安全稳定运行持续提供动力，确保新能源汽车运行的安全性和稳定性。

电池技术、电机技术、电控技术，是新能源汽车的三大核心技术。其中电池指的是新能源汽车装备的动力电池，汽车的续航里程和充电速度都与动力电池有关，是新能源整车的动力来源，其在整车上的布置关系如图1-1所示。

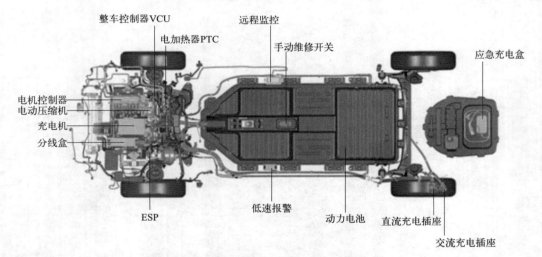

△图1-1 动力电池在整车上的布置关系图

动力电池结构主要有电池包、电池模组、电芯等。

（1）电池包

电池包的组成部件包括电池模组、热管理系统、电池管理系统（BMS）、电气系统及结构件，如图1-2所示。

第1章 新能源汽车动力电池概述

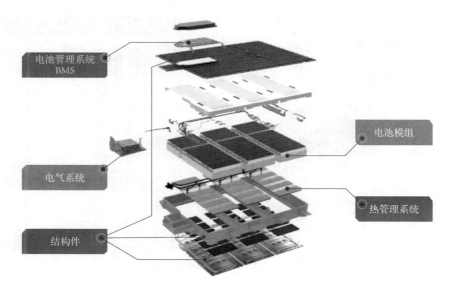

图1-2 电池包的基本结构

（2）电池模组

单个锂离子电池电芯通过串联或并联组合到一起，此外在单体电池上设有装置对其进行监控和管理，这就形成了电池模组，它可以被视作是介于电芯和电池包之间的一种中间形态。电芯是电池模组的基本组成单元，因此电池模组的结构须实现对电芯的保护，具体可借助支撑、固定的方式。电池模组由以下部件构成：模组控制即BMS从板、电池单体、导电连接件、塑料框架、冷板、冷却管道、两端的压板，此外还需要一套紧固件，作用是将上述部件组合起来。两端的压板能够使单体电芯聚拢到一起，此外在整个电池包中，模组有着固定的结构设计，这一设计会在压板上得到体现。BMS电芯管理和电池维修维护的便利性、电池的安全性，是设计模组时应当考虑的因素，电池模组的构成如图1-3所示。

（3）电芯

电芯的主要组成部分有正极、负极、隔膜、电解液。锂离子从正极或负极嵌入或脱嵌，通过锂离子在正负极间来回迁移完成充放电过程。充电过程是把电网电能这一来自外界的能量储存到电池中，放电过程则是释放先前储存的能量。

锂电池的材料主要有三种：锰酸锂、三元材料、磷酸亚铁锂。用这三种材料制成的锂电池，在性能方面各自存在长处和短板，相应地，其应用范围也有差异。三种材料特性的比较如表1-1所示。

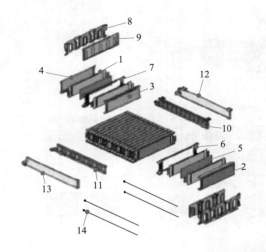

△图1-3 电池模组的构成

表1-1 三类锂电池材料特性比较

材料参数	锰酸锂	三元材料	磷酸亚铁锂
克容量/(mAh/g)	90～100	135～160	120～140
单体典型容量/mAh	1300	2000	1400
电池放电平均电压/V	3.70	3.60	3.20
电池组循环寿命/次	≥300	≥600	≥1500
储存性能	月衰减5%以上，容量不可恢复	月衰减1%～2%，容量可恢复	月衰减3%，容量可恢复
材料价格/(万元/吨)	5～6	16～20	15～18

从表1-1中可以看到，锰酸锂材料拥有价格上的优势，每吨的售价仅为5万～6万元，明显低于其他两种材料，但与此同时，它的各项性能在三种材料中相对较弱，电池组循环寿命≥300次，储存性能月衰减在5%以上且容量不可恢复。在三种材料中，三元材料的价格最为昂贵，为每吨16万～20万元，同时它拥有最好的储存性能，月衰减在1%～2%且容量可恢复，电池循环寿命方面强于锰酸锂而弱于磷酸亚铁锂，一般大于等于600次。磷酸亚铁锂的价格略低于三元材料，为每吨15万～18万元，其电池循环寿命明显高于其他两种材料，一般大于等于1500次，而月衰减3%的储存性能在三种材料中处于中间位置。

对于锂电池来说，以上介绍的三点属于硬性参数，锂电池的综合性能还与安全性、稳定性、耐高低温等密切相关。下面我们来简单评价三种材料在这些方面的表现。

- 锰酸锂：安全性、稳定性和低温性能较好，高温性能表现较差，主要是因为锰在高温条件下容易发生分解；
- 三元材料：稳定性和耐低温性能较好，耐高温性能不佳，在250～300℃的高温条件下会发生分解，此外在安全性上表现较差；
- 磷酸亚铁锂：拥有较好的安全性和稳定性，耐高温性能出色，不过耐低温性能不好，低温条件下性能会出现较为明显的衰减。

1.1.2 动力电池的主要类型

现阶段，动力电池已经被应用到电动汽车、电动自行车、高尔夫球车等多种交通工具当中，为各类车辆提供动力。当前各类车辆中所装配的动力电池主要包括铅酸蓄电池、镍氢电池、锂电池和燃料电池，不同类型的电池具有不同的特点。新能源汽车行业需要根据实际情况选择合适的动力电池，在使用动力电池的过程中做到扬长避短。

（1）铅酸蓄电池

铅酸蓄电池是一种完善度较高的动力电池，在新能源汽车领域有较大的发展空间，但同时也存在易造成环境污染和技术水平不高的缺点。近年来，铅酸蓄电池技术得到了提升，放电功率已经提高到40Wh/kg，使用寿命也增加到4000次以上。不仅如此，铅酸蓄电池回收技术的发展使铅酸蓄电池回收率大幅提高，同时也有效推动了铅酸蓄电池技术研究应用的发展。

铅酸蓄电池常见于内燃机车的动力端当中，而在新能源汽车中，铅酸蓄电池主要用于为车辆提供动力，因此新能源汽车行业需要进一步提高电池的比能量和循环使用寿命。

就目前来看，铅酸蓄电池具有较高的成熟度。1881年，法国工程师托马斯·戴文波特制作出了以铅酸蓄电池为动力的三轮车，这也是全球第一辆电动三轮车。铅酸蓄电池具有可靠性强、原材料成本低等诸多优势，且在功率方面也能够达到电动驱动的动力要求，因此在新能源汽车中的应用越来越广泛。

具体来说，铅酸蓄电池的优缺点比较如表1-2所示。

表1-2 铅酸蓄电池的优缺点比较

优缺点比较	具体内容
优点	（1）电压较高，可达到2.0V； （2）制造成本低； （3）在尺寸和结构方面的灵活度高； （4）高倍率放电性能良好，能够在汽车启动发动机的过程中发挥作用； （5）电能效率较高，可达到60%；

续表

优缺点比较	具体内容
优点	（6）高低温性能良好，受温度影响较小； （7）浮充使用方便，荷电状态识别难度低，不存在记忆效应
缺点	（1）比能量低，质量和体积较大，续航能力较差； （2）使用寿命较短，后期使用成本高； （3）充电时间长； （4）铅为重金属污染物，也是慢性和累积性毒物，易造成铅污染等问题

（2）镍氢电池

近年来，我国的镍氢电池原材料加工技术快速发展，镍氢电池也逐渐成为备受关注的氢能源应用方向。作为一种性能良好的绿色能源蓄电池，氢镍电池的正极活性物质为$Ni(OH)_2$，负极的活性物质为金属氢化物，电解液为氢氧化钾溶液。

目前，镍氢电池是使用较为成熟的动力电池，具有记忆效应小、放电倍率大、循环使用寿命长等诸多优势，目前已被广泛应用到多种车型当中，例如大众途锐Hybird、丰田普锐斯等车型。

具体来说，镍氢电池的优缺点比较如表1-3所示。

表1-3　镍氢电池的优缺点比较

优缺点比较	具体内容
优点	（1）比功率高，当前已实现商业化的氢镍电池的比功率可达到1350W/kg； （2）循环次数多，循环寿命长，就目前来看，大多数已经在新能源汽车中落地应用的氢镍电池的放电深度循环次数可达1000次，在混合动力汽车中的使用时间可达5年； （3）不使用有害金属，不会对环境造成污染； （4）耐过充过放，不存在记忆效应； （5）使用温度范围较大； （6）安全性强，能够抵抗短路、挤压、针刺、跌落、加热和振动等因素的影响，且不易爆炸或燃烧
缺点	（1）能量密度相对较低，不具有重量和体积优势，使用成本相对较高； （2）易受温度影响，随着环境温度的提高，电池的性能会下降，尤其当温度超过45℃时，极易影响电池寿命； （3）自放电率高，即使在常温环境下，自放电率也不会低于30%； （4）价格相对较高，普通型号的镍氢电池的价格比镍镉电池高约20%，高电流消耗的镍氢电池的价格则更高； （5）过充与过放会产生气体，这不利于电池结构的稳定，极易影响电池寿命和使用过程的安全

（3）锂电池

锂电池是一种性能较为优越的动力电池，能够为我国新能源汽车供能。一般来说，锂电池的阳极为锂金属或锂合金，电解液为非水电解质溶液，比功率能够达到1600W/kg，比能量能够达到150Wh/kg。就目前来看，锂电池已经实现了大规模生产和普及应用。随着锂电能技术的不断进步，锂电池技术的各项参数也得到了提升。现阶段，锂电池正在向聚合物锂电池的方向发展。锂电池可分为三元锂、锰酸锂等多种类型，这几种锂电池在使用性能方面较为相近，都能够在新能源汽车领域发挥作用。

具体来说，锂电池的优缺点比较如表1-4所示。

表1-4 锂电池的优缺点比较

优缺点比较	具体内容
优点	（1）工作电压高，一般可达3.6V； （2）比能量高，可达140Wh/kg； （3）循环寿命长，一般可达上千次，处于低放电深度下的锂电池的循环寿命甚至可达上万次； （4）自放电率低，一般为6%～8%； （5）可塑性强，且不存在记忆性； （6）不会造成环境污染
缺点	（1）成本较高； （2）易出现过充问题，需要配备特殊的保护电路

（4）燃料电池

燃料电池即电化学发电器，是一种能够将化学能转化为电能的动力电池，具有噪声低、污染小、有害物排放量少、工作效率高等诸多优势，在新能源汽车领域有着广阔的发展前景。

从发展过程上来看，燃料电池的发展离不开各个相关学科的支持，如电化学、电催化、材料科学、电极过程动力学以及化工过程和自动化等学科。1839年，英国科学家威廉·格罗夫（William Grove）在了解各个相关学科的知识的基础上通过电解水的方式研究出了燃料电池。

从作用原理上来看，燃料电池相当于一个输送电能的发动机，能够将化学能转化成电能，并将经过转化的能量经电池传输到电动机当中。

具体来说，燃料电池的优缺点比较如表1-5所示。

表1-5 燃料电池的优缺点比较

优缺点比较	具体内容
优点	（1）能量转换效率高； （2）不会污染环境；

续表

优缺点比较	具体内容
优点	（3）结构复杂度低，大多使用积木化结构，组装简单，维护方便，运行状态下发出的噪声也比较小； （4）燃料来源广泛，部分可再生
缺点	（1）成本高； （2）对燃料的纯净度要求高，部分燃料例如氢储存难度大

就目前来看，我国燃料电池技术的发展水平不高，仍旧存在技术开发设计困难、技术配套设施不完善等问题。为了解决这些问题，实现燃料电池技术在新能源汽车中的高效应用，我国汽车行业需要加大在燃料电池领域的资金投入，组建专业的技术人才团队，加强对燃料电池技术的研究。

1.1.3 动力电池的关键技术

电池及管理技术、电机及其控制技术、整车控制技术、整车轻量化技术是新能源电动汽车的四项关键技术。

动力电池为电动汽车提供动力，储备电动驱动系统需要的电能，电池对整车的性能有着直接影响。评价动力电池的性能时主要采用的指标是能量密度、功率密度和循环寿命等。

汽车动力电池包含以下关键技术：锂离子和固态电池等电池电化学技术；快速充电和无线充电等充电技术；电池管理系统（battery management system，BMS）；能量密度；循环寿命和安全性。借助这些关键技术，可提升电动汽车的性能，助力电动汽车实现可持续性发展。

（1）电池电化学技术

电池电化学技术与电池内的化学反应和电子流动有关，涉及电池的能量密度、充电速度、寿命、安全性和成本等诸多方面，很大程度上影响着电池的性能和特性。

（2）电池管理系统（BMS）

电池管理系统（BMS）用来监测电池的状态，使电池单体之间的电荷和温度保持均衡，并保证电池在运行时处于安全范围之内。先进的BMS技术能够对电池的性能、寿命、安全性起到积极作用。电池管理系统架构如图1-4所示。

（3）充电技术

充电技术包括快速充电技术和无线充电技术。快速直流充电（DC fast

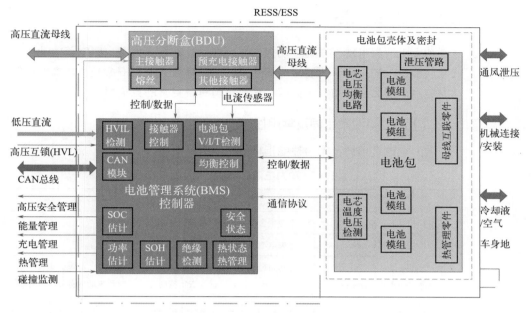

△图1-4 电池管理系统架构

charging）等快速充电技术可在较短的时间内完成电池的充电，电动车的可用性由此得到了提升。无线充电技术的实现方式是利用无线电磁感应或共振进行充电，无线充电可以使充电变得更加便捷。

（4）能量密度

对电池的材料和结构作出改进，提升电池能量密度，使电动汽车拥有更长的续航里程。

（5）循环寿命和安全性

延长电池的循环寿命和使用寿命，使更换电池的成本更少。增强电池安全性，避免出现过充、过放和短路等问题。

新能源汽车动力电池关键技术的研究有着十分重要的意义。在宏观的生态环境层面上，这项研究可以推动实现可持续交通革命，降低二氧化碳等温室气体的排放量，减缓气候变暖的进程，改善空气质量，减轻对化石燃料这一不可再生资源的依赖程度。而从电动汽车这一相对微观的层面上讲，这项研究可以使动力电池拥有更高的能量密度、更快的充电速度和更长的寿命，降低制造成本，延长电动车的续航里程，提高其可用性，这些也将最终导向生态环境层面上的意义，通过扩大清洁能源交通的使用规模，推动实现环境可持续性和能源安全。

1.1.4 动力电池的性能指标

动力电池为电动汽车提供动力、储存能量,在很大程度上影响着电动汽车的发展前景。如果能够研发出比能量高、比功率大、使用寿命长、成本低廉的动力电池,那么在燃油汽车面前电动汽车将具备更强的竞争力。

(1)动力电池常用词及常用性能指标

动力电池常用词及常用性能指标如表1-6所示。

表1-6 动力电池常用词及常用性能指标

常用词	性能指标
荷电状态(SOC)	电池剩余容量占总容量的比例,用百分比表示
性能状态(SOH)	有关电池健康状态的信息
电池管理系统(BMS)	对动力电池的运行参数、故障诊断、短路保护、漏电监测、显示报警、充放电模式选择等进行实时监控,提升车辆运行效率,保障车辆运行安全
比能量(Wh/kg)	该数值表示单位质量的电极材料能放出多少电能,这决定了纯电模式下电动汽车的续航能力
比功率(W/kg)	表示单位质量的电池所提供功率的大小,该数值与电动汽车的动力性能有关,可由此判断电动汽车的加速性能和最高车速
循环寿命	评判动力电池的使用寿命时,有一项重要指标是电池一周要经历几次充电—放电的循环,循环次数越多则使用时间越长
电池放电C(倍)率	表示的是电池放电的速率,用来衡量放电的快慢。电池所用的容量1小时放电完毕,为1C放电
放电深度(DOD)	表示蓄电池放出的电量与电池额定容量的百分比

(2)动力电池性能要求

电池为电动汽车储能,它的能量需达到一定驾驶周期和行驶里程的要求,同时它提供的最大功率又要保证车辆能够实现指定的加速性能。这就意味着动力电池的充放电性能要好,比功率和比能量要高,同时价格不能太高昂,使用和维护起来也应比较方便。电动汽车的动力电池性能要求如图1-5所示。

(3)电池组性能要求

新能源汽车在电池组方面的要求较高,且有多项要求与电动驱动效能之间存在直接关联。具体来说,新能源汽车对电池组的要求主要涉及以下几个方面:

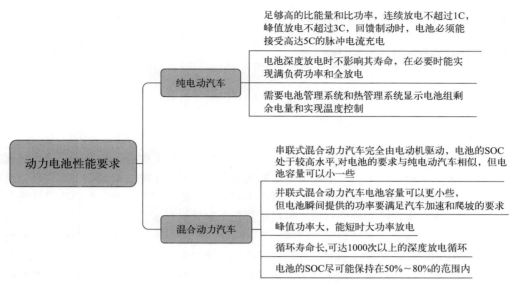

△图1-5　动力电池性能要求

① 比能量。新能源汽车要求电池组具有存储能量多、占用空间小、质量轻等特点，同时也要具备很高的比能量，以便提高自身续航能力，增加续航里程。

② 比功率。新能源汽车需要将自身的爬坡性能、加速性能和负载性能提升至与内燃机车同一水平，因此在电池组的比功率方面的要求很高。

③ 充放电效率。新能源汽车所使用的电池组若要为车辆提供动力，就必须完成充电—放电—充电的循环，由此可见电池组的充放电效率能够在一定程度上影响新能源汽车的行驶效率，新能源汽车对电池组充放电效率的要求也比较高。

④ 稳定性。新能源汽车要求电池组在充放电过程中保持性能稳定，确保在动力系统使用条件下，电池组的放电循环次数能够支撑车辆正常运行。

⑤ 成本。新能源汽车行业既要降低电池的初始购买成本，也要提高电池的使用寿命。

⑥ 安全性。新能源汽车要求电池组不能出现自燃、爆炸等问题，即便两车相撞，也要确保车辆驾乘人员的人身安全。

总而言之，为了提高我国新能源汽车产业发展的稳定性和持续性，强化电动车产品质量，汽车行业的各个厂商应加大动力电池研究力度，积极开发和优化用于电动车的动力电池产品；相关政府部门应制定相关政策规范，为动力电池技术的创新发展提供支持和引导，推动新能源汽车行业不断提高动力电池技术水平，助力新能源汽车产业实现稳定快速发展。

1.2 动力电池产业链图谱

1.2.1 动力电池产业链上游

动力电池是新能源汽车的核心部件,目前我国新能源汽车产业正处于快速发展阶段,对于动力电池的需求将大大增加。动力电池的组成部件主要包括电池盖、电池壳、正极、负极、有机电解液、电池隔膜等。动力电池产业链的上游便由电池的制造原材料(包括正极和负极材料)以及组成部件构成。产业链的中游为动力电池制造,包括电芯、模组、电池包等。下游是动力电池的应用和回收,主要应用场所即为新能源汽车。动力电池产业链图谱如图1-6所示。

下面我们首先阐述动力电池产业链上游环节,上游主要涉及动力电池原材料及零部件。

(1) 正极材料

锂离子电池是一种二次电池,它的正负极材料选用的都是嵌锂化合物,化合物中含有的锂离子可以嵌入和脱嵌,且过程都是可逆的,锂离子电池便是利用锂离子的移动来工作的。在充放电过程中,锂离子往返于两个电极之间,嵌入或脱嵌于正极或负极。

充电时,锂离子从正极中脱嵌,经电解质嵌入负极,这时正极贫锂,负极富锂。放电时,锂离子的移动方向与此相反。正负极材料在嵌入或脱嵌锂离子时,以金属锂为参照其电位会发生变化,变化的差值即电池的工作电压。

锂离子电池的电化学性能、能量密度和安全性能都在很大程度上取决于正极材料。

据研究机构EVTank、伊维经济研究院联合中国电池产业研究院共同发布的《中国锂离子电池正极材料行业发展白皮书(2024年)》显示,在2023年,中国锂离子电池正极材料出货量为247.6万吨,其中磷酸铁锂材料占比最高,出货量为163.8万吨,三元锂、锰酸锂、钴酸锂材料的出货量分别为66.4万吨、9.4万吨、8.0万吨;2023年中国锂离子电池正极材料行业总产值为3221.6亿元。国内的主要锂离子电池正极材料企业包括湖南裕能、容百科技、德方纳米、天津巴莫、万润能源、当升科技等。

(2) 负极材料

负极材料也是锂离子电池性能的重要影响因素,锂离子电池的首次效

第1章 新能源汽车动力电池概述

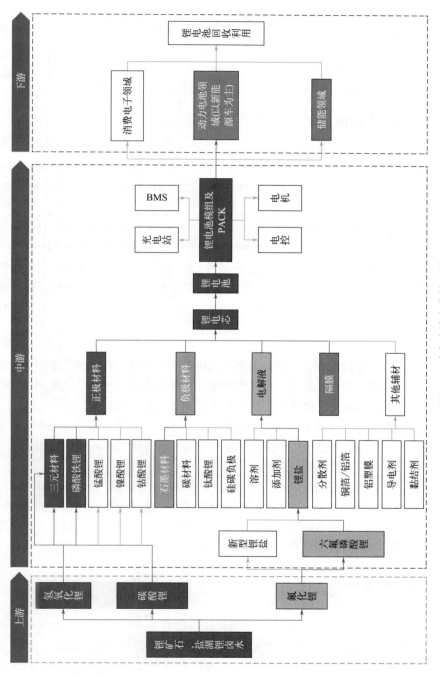

△图1-6 动力电池产业链图谱

率、循环性能都与其有关。负极材料在锂离子电池总成本中的占比约为6%～10%。据EVTank、伊维经济研究院联合中国电池产业研究院共同发布的《中国负极材料行业发展白皮书（2024年）》显示，2023年中国负极材料出货量达到181.8万吨，其中人造石墨负极材料占据了82.5%的份额。国内的锂离子电池负极材料企业主要有贝特瑞、上海杉杉、江西紫宸、中科星城、尚太科技、东莞凯金等。

（3）隔膜

电池的正负极如果发生接触就有可能导致短路，因此需要用隔膜分隔开正极与负极，同时隔膜还能借助微孔通道实现让电解质离子通过的功能。作为关键的内层组件，隔膜对电池的容量、循环寿命、安全性能等都有着重要的影响。

据EVTank联合伊维经济研究院发布的《中国锂离子电池隔膜行业发展白皮书（2024年）》显示，2023年中国锂离子电池隔膜出货量为176.9亿平方米，湿法隔膜和干法隔膜的出货量分别为129.4亿平方米和47.5亿平方米。国内出货量较大的锂离子电池隔膜企业有上海恩捷、星源材质、中材科技、河北金力、中兴新材、惠强新材等。

（4）电解液

电解液为锂离子于正负极之间的转移提供载体。通常情况下，它的组成成分是高纯度的有机溶剂、电解质锂盐，另外还需用到一定的添加剂，这些原料需在特定的条件下遵循特定的比例，以完成电解液的配制。

电解液在锂离子电池中发挥着重要的作用，具体体现在电池容量、循环效率、工作温度、安全性等方面。电解液体积在电池总体积中占比较大，一般达到32%，其重量在电池总重量中的占比一般为15%。

据EVTank联合伊维经济研究院发布的《中国锂离子电池电解液行业发展白皮书（2024年）》显示，2023年中国锂离子电池电解液出货量为113.8万吨。国内锂离子电池电解液行业占据市场份额较多的企业有天赐材料、比亚迪、新宙邦、瑞泰新材、昆仑新材、法恩莱特等。

1.2.2 动力电池产业链中游

据中国汽车动力电池产业创新联盟数据显示：2023年，中国包括动力电池在内的电池产量总计778.1GWh，同比增幅为42.5%；动力电池销量总计616.3GWh，同比增幅为32.4%；动力电池装车量总计387.7GWh，同比增幅为31.6%；完成装车配套的动力电池企业有52家，相比2022年减少了5家。国内的动力电池市场整体呈现出"1+1+N"的竞争态势,宁德时代和比亚迪两家龙头企业占据了约70%的市场份额,剩余约30%的市场份额由中创新航、亿纬锂能、国轩高科等瓜分。

具体到动力电池产业链中游,电芯、电池包等行业的市场情况具有一定差异。

(1) 电芯

电芯通常封装于保护电路板中,是电池最基本的组成部件,一般分为铝壳电芯、软包电芯、圆柱电芯。电芯由正极、负极、电解质、隔膜组成,借助电芯可以实现电能的储存和释放。动力电池的能量密度、功率密度、循环寿命等都与电芯的性能直接相关。

得益于新能源汽车市场的快速发展,近年来全球动力电池电芯行业的市场规模不断扩大,根据相关研究机构的预测,该细分市场未来几年将持续保持高速增长态势。目前,国内动力电池电芯市场竞争格局可以被划分为三大梯队。其中,第一梯队的代表企业为科达利,其不仅拥有行业领先的技术工艺和产能,而且产品体系基本实现全覆盖;第二梯队的代表企业为震裕科技,其是宁德时代的主力供应商;第三梯队的代表企业有中泽精密、长盈精密等,该梯队的企业与第一、二梯队企业在产品体系、技术工艺、产能等方面均具有差距。

(2) 电池模组与电池包

将多个电芯进行组装,就构成了模组,除了电芯以外,模组的组成部分还包括连接器、外壳、BMS(电池管理系统)。按照特定设计进行排列和连接,模组可以对电芯进行机械支撑、热管理和电气连接。模组所包含电芯的数量以及电芯的排列视功率和能量的需求而定。

电池包是集成了多个电池模组的整体单元,是动力电池系统中级别较高的组件,电池系统的最终输出将由它来完成。除模组外,电池包的组成部分还包括连接器、BMS、电气接口、热管理系统、安全保护系统、外壳等。

在国内电池模组与电池包市场中,宁德时代、比亚迪两大厂商所占据的市场份额超过70%,此外,中创新航和国轩高科等也是具有代表性的核心厂商。

(3) 电池管理系统

电池管理系统即BMS(battery management system),也被通俗地称为电池管家,是动力电池组的核心技术之一,在电池组中发挥着关键作用,主要用来监控电池的状态,通过智能化的手段实施管理和维护,保障电池安全,防止出现过度充放电的情况,延长电池的使用寿命。

国内电池管理系统市场的参与者众多,从厂商性质维度来看可以划分为三类。第一类是以特斯拉、比亚迪等为代表的整车厂商,其也是电池管理系统市场的主要参与者;第二类是以宁德时代等为代表的电池厂商;第三类是包括力高技术、国创新能等在内的BMS厂商。

1.2.3 动力电池产业链下游

(1) 新能源汽车

据中国汽车工业协会发布的统计数据显示,2023年,我国完成新能源汽车产销958.7万辆和949.5万辆,较上年分别增长35.8%和37.9%,全年新能源渗透率再创新高,达到31.6%,较上年增长5.9%,中国已连续9年成为全球最大的新能源汽车市场。具体到车辆类型,乘用车方面,新能源乘用车产销分别占总产销的34.9%和34.7%,商用车方面,新能源商用车产销分别占总产销的11.5%和11.1%。

出口方面,2023年实现新能源汽车出口120.3万辆,较上年增长77.6%,占汽车出口总量的24.5%。2023年12月份新能源汽车出口11.1万辆,环比和同比增幅分别为15.2%和36.5%,占12月份汽车出口总量的22.2%。

(2) 动力电池回收

近年国内新能源汽车产业如火如荼地发展使动力电池的需求和产销规模持续扩大,在这样的背景下,动力电池的回收是一个必须考虑的问题。高工产业研究院预计,2023年,我国需要回收超过58万吨退役的废旧动力电池,2025年这一数字将达到96万吨。另据中国汽车工程学会预测,2030年我国将有350万吨动力电池迎来退役。因此,动力电池回收已成为新能源汽车行业新的关注点。格林美、邦普循环、金泰阁、光华科技、华友钴业等是目前动力电池回收领域较有代表性的企业。

1.3
动力电池的集成技术

1.3.1 典型式集成技术

近年来,越来越多的用户选择新能源汽车作为代步工具,随着消费市场的扩大,新能源汽车也得到了越来越多的关注。在这种背景下,电动汽车续航差、成本高等缺点逐渐暴露出来,如何提高动力电池的技术水平,使电动汽车的性能满足用户的需求就成了一个问题。在这个方面,新能源汽车行业已经完成了大量的技术创新，目前已经在动力电池的能量密度与集成效率等方面实现了技术突破，使新能源汽车的续航能力与性价比都有了明显的提高。

在过去，新能源汽车的动力电池一般使用"电芯-模组-电池系统"的方式集成，这种集成方式的构件数量比较多，存在集成效率与能量密度较低的缺点，因此早期新能源汽车的续航能力也较低。为了改善新能源汽车的技术条件，更好地满足用户的需求，新能源汽车行业研发出了各种新的集成技术，大大提高了动力电池的集成效率与能量密度，包括电池无模组技术（CTP）、一体化式集成技术、电池车身一体化技术（CTB）和电池底盘一体化技术（CTC）。这些技术的运用，弥补了已有的动力电池集成技术的不足。

目前市面上的新能源汽车一般使用典型式集成电池与无模组式集成电池，而较少使用一体化式集成电池。下面我们首先简单介绍典型式集成电池。

动力电池的集成形式一定程度上取决于其内部电芯如何成组，最典型的一种方式是先以标准的尺寸将特定数量的电芯组合成电池模组，再将特定数量的电池模组装入电池箱体中构成电池系统。电池包中的每个模组都有端板、侧板、顶盖等结构，相互之间都是独立封装的。

典型式集成电池的电池包，其电池模组与电池箱体是通过螺栓连接的方式进行固定连接的，不同的模组之间需要留有供电气活动和供装配使用的空隙，其结构如图1-7所示。

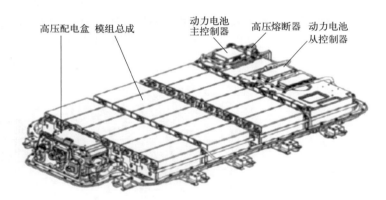

△图1-7 典型式集成电池结构示意图

典型式集成电池拥有结构简单、装配轻松等优势，不需要太复杂的装配工艺。其内部某个电芯损坏时也可以单独更换故障所在的某一电池模组，维修的成本较低，一般的损坏都可以进行维修，不必更换整个电池。

但典型式集成电池也有一些缺点，如各级模组的端板、侧板、顶盖等结构占用了电池内部的大量空间，又因为要预留电气和安装空隙，电池包内可留给电芯的空间就相对较小，因此其能量密度也较低。目前市面上典型式集成电池应用广泛，但由于能量密度低，新能源汽车行业正在积极探索其他集成方式的可能性，以达到电动汽车越来越高的续航性能标准。

1.3.2 无模组式集成技术

动力电池行业已经进行了大量的技术研发，目前行业内部出现了很多可行的动力电池集成方案，这些方案大多都秉持尽量减少构件数量的原则进行集成设计，如此一来，动力电池模组与端板、侧板、顶盖等结构部件越来越少，空余出来安装电芯的空间也就越来越多，动力电池的能量密度也会因此提高。

（1）无模组电池

无模组（CTP）电池相比于典型式集成电池，其成组方式最主要的不同就是摒弃了模组这一结构层次，直接将电芯集成后安装在电池包内。这样电池包的构件更少，没有端板、侧板、高压连接排、低压采样线束、固定构件等的阻挡，不仅增加了电芯安装的空间，还减小了电池包的重量，减轻了动力系统的负荷。

CTP电池内部使用的是高黏性、高导热性的混合结构导热胶，这样可以在满足电池工作需求的前提下粘连电芯与电池包，不必与典型式集成电池一样使用螺栓固定，如此一来端板也不用承受螺栓的作用力，就可以使用更轻的材料，电池的重量还会进一步减轻。另外，解除了模组的限制，电池包的形状、大小也会更加灵活，可以应用于不同的车辆。CTP电池的结构如图1-8所示。

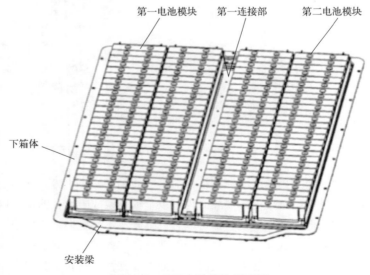

图1-8　CTP电池结构示意图

CTP电池的一大优势是性价比高，正是因为其减少构件数量的原则，集成效率和能量密度都较高，因此在相同边界下CTP电池能以更低的成本实现更优秀的续航性能。同时，CTP电池的构件数量仅为典型式集成电池的60%，能量密度还比后者高出10%～15%；相同边界下与典型式集成电池相比，多出10%～15%的容积用来堆放电芯。

CTP电池也有明显的缺点，由于主要依靠粘连的方式固定电芯，而导热胶的固定能力太强，一经使用基本无法在不损坏电池包的情况下将电芯取出，若某个电芯发生故障，无法灵活更换，因此CTP电池基本无法维修，只能整个更换。在电池生产方面，CTP电池的成组方式导致需要使用较为复杂、体积较大的设备焊接高压连接排，因此生产的成本也较高。

总的来说，CTP电池的优点大于缺点，且能够满足新能源汽车日益增加的续航需求，因此其在新能源汽车上的应用逐渐广泛，成了市场的主流选择。

（2）刀片电池

刀片电池是无模组电池的一种，因电芯形状近似刀片而得名。其原则依然是减少构件数量，摒弃传统的模组结构层次，但与CTP电池不同的是刀片电池增加了电芯的长度又将电芯极柱侧移，如图1-9所示，实现了动力电池的革新。

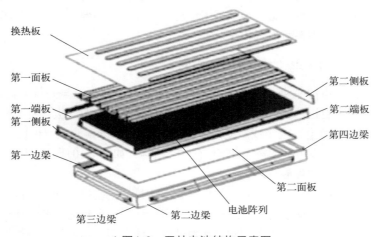

△图1-9　刀片电池结构示意图

刀片电池减少了电池包中的横纵梁，解放了电池包内的大量空间，这些空间可用来堆放电芯，如此一来电池包的空间利用率大大提高，电池的容量、电压都会增大，续航性能也会因此提高，支持车辆的单次长时间续航。这一方法还减轻了电池包的重量，使汽车更加轻便。

刀片电池的主要优点在于其独特的成组方式，依靠成组方式的加持，刀片电池的体积成组率与典型式集成电池相比提高了15%以上，这种成组方式对电池包组装过程的工艺要求比较低，降低了成本；同时电芯的形状大小也可以根据不同型号车辆电池边界的不同而调整，因此应用范围也相当广泛。

刀片电池的缺点在于电池包中的电芯较长，较难锻造。另外，与CTP电池相同，由于使用导热胶进行粘连固定，基本无法在不损坏电池包的情况下将其分开，因此当某个电芯发生损坏时难以更换单个电芯，只能整个更换，维修成本较高。

总的来说，刀片电池作为一种优秀的创新型集成电池，改善了典型式集成电池低集成效率、低体积利用率等缺点，电池包的电量更充足，是无模组式集成电池的重要种类之一。

1.3.3 一体化式集成技术

伴随着动力电池行业的努力，动力电池的集成技术已经越来越先进，市场推广也按部就班地进行着，新能源汽车与动力电池行业开始致力于将车体与电池一体化。相比无模组式集成电池减少构件数量的核心思路，一体化集成电池技术的最关键一环就是将电池包与车体或车辆底盘进行联结，变成一个整体。这种集成方式的主要创新点在于电池包是直接与外部进行连接的，相比无模组式集成电池，进一步减轻了电池的重量，结构部件更少，整车质量更轻，更有利于动力系统发挥作用。

（1）电池车身一体化电池

电池车身一体化（CTB）电池相比CTP电池与刀片电池在电池结构的优化上更进一步，将电池包的顶盖直接作为座舱的底板，将电池包直接安装进整车环境中完成集成。使用CTB电池的汽车与其他车型相比，只有一层作为电池顶盖使用的隔板，优化了一层结构，如图1-10所示，使整车质量更小，车辆的动力性能更出色。

减少一层底板并不仅仅减轻了质量，还空出了一层1cm左右的空间，多出的这部分体积可以用来提升电池容量，提高车辆的续航性能；还可以选择缩小车辆体积，优化车辆的流线型外壳，使车辆的动力学模型更加合理，减小空气阻力，降低油耗水平。

电池包的顶盖替代了座舱的底板，对车辆的结构强度要求非常高，在设计车辆时，要保证车辆的密封性，实现电池顶盖与下箱体之间的密封以及电池顶盖与车辆框架的密封。由于这方面的严格设计，CTB电池的安全性得以达标。一般来说，CTB电池在车身内是一个独立的区域，可以单独拆卸安装，因此可以进行检修等操作。CTB电池适合承载式车身形式的车型，这个种类的车

第1章 新能源汽车动力电池概述

△图1-10 CTB电池结构示意图

辆装配工艺与传统车辆差别并不大，因此成本并不是很高。

从整车层面减少构件数量是CTB电池的一大优点，减少构件数量可为车辆的其他系统提供空间，或改善车身流线，从而在降低车体质量、增加电池容量的同时减少油耗，提高车辆的续航性能：

·在制造工艺上，整车安装方式其电池包的连接难度较低，不需要太复杂的过程，因此装配工艺也相对成熟；

·在电池维修方面，如果电芯发生故障，可以打开电池顶盖单独更换，维修难度与成本都比较低；

·在碰撞安全性上，一体化集成电池保留了下箱体等承重的构件，且与车身的边梁、门槛梁形成密封，相比其他集成方式更加牢固，对电芯的防护作用更好。

CTB电池目前还存在着一些需要解决的理论难题。由于CTB电池必须保证电池顶盖与车身边梁的密封性和顶盖的承载能力，因此需要在可靠性开发和可靠性验证上得到突破。

由于减少了一层结构部件，一旦电池发生热失控，CTB电池更容易发生危险，因此必须加强这部分的设计，以保证驾乘人员的生命安全。其中提高电芯极柱侧移电池方案的安全性甚至是整个行业的难点。总的来说，CTB电池作为一体化集成电池的其中一种，已经逐步被新能源汽车行业接受，并将在取得技术突破后广泛应用。

（2）电池底盘一体化电池

电池底盘一体化（CTC）电池是应用一体化电动智能底盘技术，与车辆底盘高度集成的一种动力电池。这种电池将电池箱中承载电芯的构件优化掉，将电芯安装在车辆的边横梁中间，直接进行集成。

车辆若使用CTC电池，其车身框架与底盘部件通常是一体化的，与使用典型式集成电池或CTB电池的车辆相比,就不仅是从电池包的层面减小质量,而是从车身构件上减重,幅度更加明显。在这种电池的集成过程中,电芯并没有电池包外壳,这就意味着无法对电池展开装配、测试、强检验证等操作,因此电池的装配工艺必须完全改变,这导致CTC电池只适合车身结构是非承载式的车型。

搭配使用CTC电池的一体化底盘的优点主要是平整、紧凑,被行业内部称为"滑板底盘"。如图1-11所示,这种一体化底盘对车辆各系统模块化的研发与应用有很大的帮助。一体化底盘并不只是电池与车辆底盘的一体化集成,其还借助一体化集成技术实现电池的控制器与整车控制系统的接驳,以优化电子元器件的架构,实现技术创新。

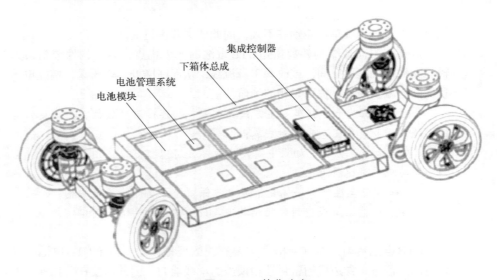

⬆图1-11 一体化底盘

由于CTC电池的研发和应用还处于初级阶段,国家并未就此出台对应的法律法规与行业标准,因此也暂时没有实现量产。由于非承载式车身的柔性连接,在设计时不考虑车身对车架承载的辅助作用,因此座舱可以单独设计;而CTC电池的底盘平台汇聚了各个系统,因此车辆设计的类目、重心等都发生了一定的变化,这在将来可能会改变新能源汽车的商业模式。

CTC电池的主要优点是可以从整车层面减少构件数量,更大幅度地减小车体质量,减轻动力系统的负担,增强续航能力。CTC电池直接安装在车身框架中的特性将其与其他种类的集成电池区分开来,但也因此拥有了以下几个方面的缺点:

· 制造与装配工艺方面,由于CTC电池的制造与装配过程与其他种类电池的制造与装配过程差异较大，因此生产设备、生产工艺都会发生改变，不能使用已有的流水线，会制造新的成本；

・维修方面，CTC电池没有电池包，直接安装在车辆整体环境中，因此无法更换单个电芯，难以进行维修，维修成本也会增加；

・从安全性上讲，发生碰撞时，CTC电池由于没有端板、侧板、顶盖的保护，可能发生热故障、电池泄漏等问题，更容易发生危险。

总的来说，CTC电池由于能量密度更高、容量更大、性能更优秀，为国内外众多新能源汽车企业所青睐，投入大量成本进行研究。虽然CTC电池的性能优秀，但目前技术还未完善，存在着制造工艺复杂、维修成本居高不下等问题，还需要等待其技术逐渐成熟，才能打开巨大的潜在市场。

1.4 新能源汽车充电技术

1.4.1 蓄电池充电技术要求

新能源汽车的市场规模不断扩大，使得用户充电的需求也有了一些变化，体现在具体的充电场景中，用户需要更多的充电选择、更快的充电速度与各种拓展性的功能。然而，相关技术还需要进一步发展，已有的成果也需要慢慢转化，加之新能源汽车的充电需要电网、设施等多方面的支持，因此，新能源汽车充电技术的研发与推广有着比较大的阻力，需要国家相关部门、行业与产业链各环节的共同努力来克服。

当然，关于新能源汽车充电技术的发展，也存在着一些积极因素，如随着行业的发展与市场营销的进行，消费者对新能源汽车的了解程度在不断提高。另外，行业的蒸蒸日上也让国家出台了一些宽松的市场政策，反过来推动了新能源汽车的销售，而庞大的销量带来的是日益增长的充电需求，应用需求又恰恰是技术成果的助力之一。

具体来说，蓄电池充电技术要求主要包括如图1-12所示的方面。

（1）充电快速化

市面上的主流蓄电池有铅酸、氢镍、锂离子三种，其中，铅酸类电池的能量密度比其他几种电池低，但由于有一个多世纪的发展历史，各项技术都已经高度成熟，且成本也是最低的，因此时至今日仍然有比较广泛的应用。虽然这

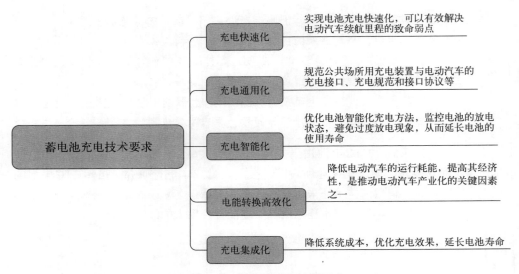

▲图1-12　蓄电池充电技术要求

种蓄电池稳定性较强，但电池容量较小的问题限制了新能源汽车续航里程的提高。如果能够加快充电的速度，则可以在一定程度上弥补这个缺点。

（2）充电通用化

如今的市场上，蓄电池的材料、容量、规格都有着很大的不同，新能源汽车使用的电池种类五花八门，因此充电时使用的电压也都是不同的。而充电桩是统一生产的，如果让充电桩去迎合电池种类，会给用户带来很大的不便，因此充电设施必须具有适应不同规格蓄电池系统的能力，通过对电压、电流的控制满足多种车型的充电需求。为了做到这一点，需要出台统一的行业标准，就充电设施与车载充电系统的规格问题制定合理的法规，早日实现专门化生产。

（3）充电智能化

蓄电池是新能源汽车的重要组成部分，电池的性能直接决定了车辆的续航里程，有关电池的各项功能也是衡量新能源汽车智能性的重要指标。充电智能化就是要基于电池的充放电过程实现信息的获取、风险的排查，例如在工作中时刻了解电池的放电情况，避免电池过度损耗。智能充电技术框架如图1-13所示。

充电智能化主要包含以下几个方面的措施：

- 建设并使用装载了智能技术的充电设施；
- 能够随时获取电池的电量，并通过专门的系统进行管理；
- 能够及时排查蓄电池系统中存在的风险并进行更换。

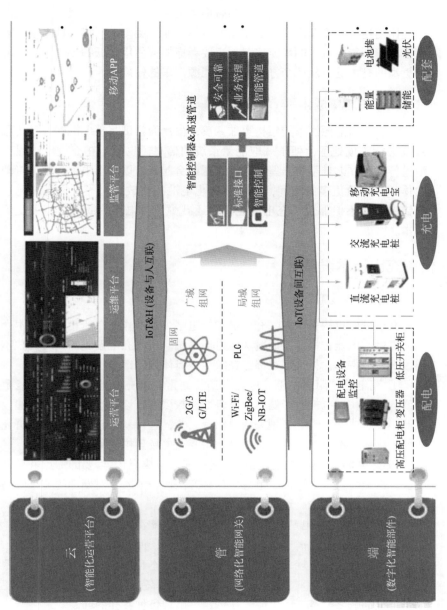

图1-13 智能充电技术框架

（4）电能转换高效化

高能耗的新能源汽车的使用成本是比较高的，传统汽车的产业规模本就比新能源汽车大，技术水平更高，品牌形象也更深入人心，如果使用新能源的价格还比使用传统能源高，那么新能源汽车行业只会无人问津。针对这一点，不但要改善新能源汽车的耗能情况，还要考虑如何使用更低的成本建造能源利用率更高的充电桩，从多个方面提高新能源汽车的性价比。

（5）充电集成化

为了让新能源汽车的结构更加紧凑，生产商尝试将蓄电池管理系统和充电系统进行集成处理，便于获取能量系统的信息，也便于在充放电过程中对电池进行管理。尤其是将一些电路、装置综合起来，以缩小电池与电池管理系统的体积，释放更多的空间，也能够简化电池的充放电过程，提高充电系统的容错率，这不但加快了充电的速度，还减少了对电池的损耗，等于变相降低成本。

1.4.2 传统充电技术设备

（1）充电设施

充电设施包括充电桩、充电机和换电站，能够作为车辆和电网的中介，将电网提供的电能转换电压后输送给电池系统。三种充电设施的充电方式不太一样，都有独特的优势，但也都存在缺点，具体如下：

① 充电桩。用充电桩充电是目前最为常见的充电方式，随着新能源汽车销量的上涨，充电桩已经遍布全国各地，数以百万计。而且充电桩的建设门槛较低，投资成本也较低，相关法律法规完善，宣传基础较好。但充电桩充电效率低，维护成本高，适合在家庭、公司等充电场景中使用。

② 充电机。固定的直流充电机又被称为"快充"，首要的优点就是充电速度快，直接将直流电输送进电池，这种方法比较危险，对硬件的要求较高，一般只作应急使用，推广意义不大。

③ 换电站。换电站是配备专门组件为新能源汽车直接更换电池的场所，一般的交流充电桩充满电量大约需要一个小时，而换电站只需要五分钟，且专业人员的操作比较正规，此外换电站的维护成本也较低。但上文提到，蓄电池的规格多种多样，这对换电站的仓储要求比较高，相关政策法规也比较空白，很多过程都缺乏范本，就可能会在运营中出现各种各样的问题。

（2）充电装置

新能源汽车的充电系统是车辆续航的保障，主要用于将电网供给的电能转化为蓄电池中的化学能,并在电池中存储下来。新能源汽车充电系统的零部件有一些是直接安装在车上的,另一些则是布设在固定地点的。

① 车载充电装置。车载充电系统原理如图1-14所示,将含有变压器和电路的设备安装在车辆上,这样在充电时只需要找到连接电网的设施就能开始充电。最重要的车载充电装置是车载充电机,拥有交流充电的交流逆变、改变电压等功能。另外,车载充电装置还包括发电机模组以及制动能量回收系统部件。车载充电装置集成度比较高,能够与蓄电池管理系统和整车控制器建立通信,管理充放电过程。

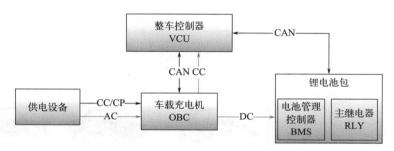

△图1-14 车载充电系统原理

车载充电机一般与车载插座相连接,插座上可以连接充电线束,充电线束一端连接车辆,一端连接充电桩,如此,电池、电网就能处在同一个闭合回路中,完成充电过程。

② 非车载充电装置。非车载充电装置是安装在固定地点的充电设施组件,一般用于换电站或充电桩,包括非车载充电机、变压器等。非车载充电装置系统原理如图1-15所示,它拥有多种充电模式和连接方式,能够供各种电池规格、不同充电电压的新能源汽车使用。非车载充电设施的功率较高,因此充电较快,只是比较固定,因此在灵活性上稍有欠缺。

(3) 电动汽车并网充电

电动汽车的充电一般是随充随走,且充电时间不固定,新能源汽车的数量也较多,其无序、频繁、分散的特点一定程度上会让附近的住宅区电力更加脆弱,如果在高峰期充电,可能会造成电压降低的问题。因此,新能源汽车的充电行为有必要实现智能化的统一管理。改变电路接入方式,可以降低电网负荷,减小电量损耗。

现在很多新建的换电站都位于人口密度低、供电需求不大的郊区,不但用电压力不大,地价也比较低,是对厂商和消费者的双重利好。另外,市区可适当减少充电桩的使用,转而增加换电站的数量,直接由工作人员更换电池,这样就不用接入电路,不会对电网不利,是因地制宜的典范。

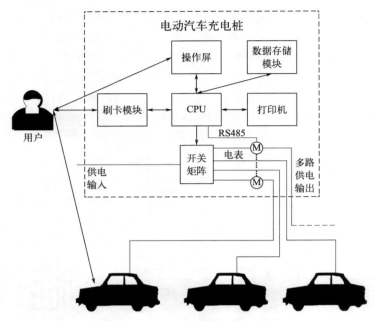

△图1-15 非车载充电系统原理

1.4.3 无线充电技术设备

无线充电技术相较于传统充电方式，不通过外界的线束、装置输送电力，而是主要依靠电磁感应进行充电，不会漏电，也不会造成额外的电量流失。常见的无线充电需要将车辆停放在固定地点，保持合适的充电距离。汽车无线充电技术原理如图1-16所示。

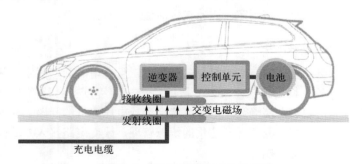

△图1-16 汽车无线充电技术原理

（1）无线充电技术分类

无线充电技术有很多种实现方式（如表1-7所示），使用最多的是电磁感应式无线充电；较为便利的如无线电波式；电磁共振式暂时没有实现大规模商业化；电场耦合式也比较常用，但并不是通过磁场充电，而是利用静电的相关原理，形成电流。电磁感应式与电磁共振式充电技术的有效距离符合汽车的尺寸，因此在新能源汽车领域比较受欢迎。

表1-7 无线充电技术分类

指标	电磁感应式	电磁共振式	无线电波式	电场耦合式
基本原理	电流流过线圈，线圈产生磁场，充电设备靠近线圈时就会产生电流，从而将能量由传输端传送至接收端	传输距离更长，无须精准接触，应用场景更灵活，电磁共振技术可以实现一对多同时充电	将环境电磁波转化为电流，通过电路传输电场	利用通过沿垂直方向耦合两组非对称偶极子而产生的感应电流来传输电力
优点	充电原理简单，制作容易	传输距离广，效率适中	自动随时随地充电	转换效率低，发热较低，位置可不固定
缺点	充电速度和传输距离严重受限，充电设备摆放位置要求精准否则影响充电	远距离传输会降低充电效率，电磁共振技术的电路复杂且共振频率调校对技术要求较高，产品成本高昂	转换效率低，充电时间长	体积大，功率较小
传输功率	1～5W	数千瓦	大于100nW	1～10W
传输距离	毫米级	数厘米到数米不等	大于10m	毫米级
充电效率	80%	50%	38%	70%～80%
供应商	TI、Powermat、Splashpower	MIT、Intel、日本富士通	Powercast	Murata

（2）无线充电系统构成

无线充电系统同样是从电网供电，只不过是通过埋设在地下的导轨，利用电磁感应现象充电，因此地面上要有发送能量的组件和控制模块，车辆上则要有接收能量的组件和对应的控制模块。无线充电系统构成如图1-17所示。

1.4.4 充电桩布设方案

新能源汽车的充电桩有两种布设方案，分别是建设、管理都比较统一的集

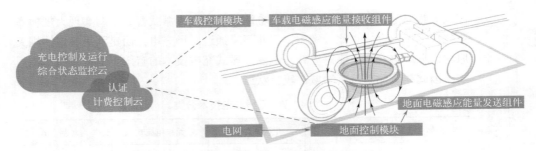

图1-17 汽车无线充电系统构成

中式和灵活的分散式。相比之下，分散式的充电桩的使用比集中式更为广泛，也更为频繁。

（1）集中式充电桩

集中式的充电桩通常是有隔离装置的，通过架设栅栏将场地包围起来，有专人负责统一管理。车主们使用新能源汽车后停放在充换电站中，在夜间统一充电。

（2）分散式充电桩

这种分布的充电桩限制条件比较少，由于新能源汽车行业起步晚，住宅区的用地比较短缺，因此分散式的充电桩通常是见缝插针，只要有小块的空地就会用来建设充电桩、划定车位，或直接在停车位设置充电桩。这样的充电桩使用起来更加灵活，更适合居家场景。

综上所述，新能源汽车的优点包括但不限于更加清洁、能源利用率更高、能够有效促进生态战略的实施、市场潜力更大。随着清洁能源与可再生能源进入能源体系，汽车行业只会越来越依赖新能源。充电技术的发展程度影响着新能源汽车的方方面面，更高效、更安全的充电技术，能够为新能源汽车提供更出色的续航能力，降低厂商的成本，也能让用户使用起来更加便利。但同时，新能源汽车的充电系统还有一些尚未解决的技术难题，影响了行业的纵深发展。如果能在充电技术上取得突破，就能打消消费者的顾虑，将持观望态度的资本引入到行业当中，加快新能源汽车取代传统汽车的进程。

第 2 章

动力电池的结构与原理

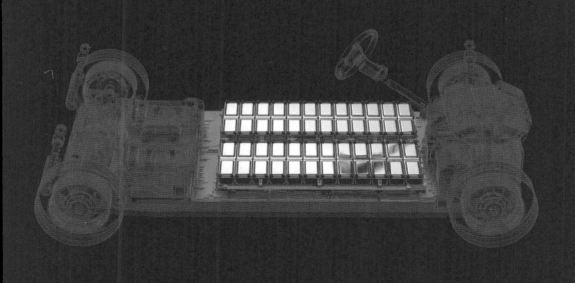

2.1 锂离子电池结构与原理

2.1.1 锂离子电池的发展历程

锂电池即为含金属锂、锂合金、锂离子、锂聚合物等锂元素的电池，是一种新型高能电池，开发成功于20世纪。锂电池分为锂金属电池和锂离子电池，如今，前者已很少生产也很少使用，而后者的使用频率则很高。高比能量、高电池电压、较宽的工作温度范围、较长的存储寿命，这些优点使锂电池在移动电话、便携式计算机、摄像机、照相机等小型电器中应用较广，实现了对传统电池的部分替代。

1970年，美国埃克森研究实验室的M.S.Whittingham分别采用硫化钛和金属锂作为正极材料和负极材料，第一次制造出锂电池。

1980年，美国的J. Goodenough发现锂离子电池的正极材料可选用钴酸锂。

1982年，伊利诺伊理工大学的R.R.Agarwal和J.R.Selman研究发现锂离子可以嵌入石墨，这一过程是可逆的，而且进行速度很快。当时，金属锂制成的锂电池存在安全隐患，在这样的背景下，人们试图改变电池的制造方法，利用锂离子嵌入石墨的特性制造充电电池。贝尔实验室首次成功研制具有可用性的锂离子石墨电极。

1983年，M.Thackeray、J.Goodenough等研究者发现，锰尖晶石作为正极材料价低而稳定，且在导电、导锂性能上表现优良。锰尖晶石的分解温度比较高，并且拥有远低于钴酸锂的氧化性，这使得它能够在短路和过充电的情况下避免燃烧和爆炸。

1989年，A.Manthiram和J.Goodenough发现，如果正极采用聚合阴离子，产生的电压将会更高。

1991年，索尼公司首次实现锂离子电池商用，由此锂离子电池开始在消费电子领域推动产品革新。

1996年，Padhi和Goodenough有了新的发现：磷酸锂铁（$LiFePO_4$）等具橄榄石结构的磷酸盐所展现出的优越性已超越了传统的正极材料，成为正极材料的主流选择。

我们先介绍锂电池，而后介绍锂离子电池（lithium-ion battery），这是因为后者由前者发展而来。纽扣式电池便是锂电池的一种，锂是锂电池的负极材料，其正极材料为二氧化锰或亚硫酰氯。电池在组装完成之后就有电压，省去了充电的步骤。锂电池理论上可以充电，不过其循环性能比较差，经过充放电循环很可能产生锂枝晶,使电池内部出现短路的状况,因此锂电池通常不允许充电。

后来,日本索尼公司研发出了一种新的锂电池,分别以含锂的化合物和碳材料作为正极材料和负极材料,在充放电的过程中只有锂离子而没有金属锂,即锂离子电池。

20世纪90年代初,日本索尼能源开发公司和加拿大Moli能源公司在锂电池的研发上取得了新的突破,它们研制出的新型锂离子蓄电池具备良好的性能,且不会产生污染。

信息技术、手持式机械和电动汽车的发展非常迅速,相应地人们对于高效能电源的需求越来越大,目前锂电池这一领域拥有十分可观的发展前景。

2.1.2 锂离子电池的结构原理

(1) 锂离子电池的基本结构

锂离子电池主要由正极、负极、隔膜、电解液、电池外壳等组成,具体如图2-1所示。

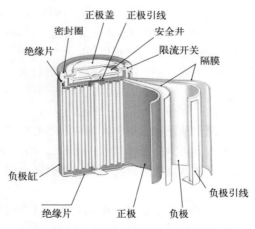

△图2-1 锂离子电池的基本结构

① 正极。正极的活性物质主要是钴酸锂、锰酸锂、磷酸铁锂、镍酸锂、镍钴锰酸锂等,通常采用铝箔作为导电集流体,厚度为10~20μm。

② 负极。负极的活性物质主要是石墨、钛酸锂,或者是结构与石墨相近的碳材料,导电集流体通常采用铜箔,厚度为7~15μm。

③ 隔膜。供锂离子通过的特殊塑料膜,但绝缘于电子,主要有PE(聚乙烯)和PP(聚丙烯)两种,或者采用两者的组合。此外还有一类隔膜是无机固体隔膜,如氧化铝隔膜涂层。

④ 电解液。通常情况下采用有机电解液，比如有六氟磷酸锂溶解于其中的碳酸酯类溶剂，此外，有的聚合物电池采用的是凝胶状电解液。

⑤ 电池外壳。主要分硬壳和软壳两种，钢壳、铝壳、镀镍铁壳等为硬壳，铝塑膜则属于软壳。

在电池充电和放电时，锂离子的运动状态是相反的，充电时锂离子脱嵌于正极嵌入负极，放电时则脱嵌于负极嵌入正极。因此，为了实现这一运动过程，在组装前其中一个电极需处于嵌锂状态，一般来说，正极选用的是 $LiCoO_2$、$LiNiO_2$、$LiMn_2O_4$ 等嵌锂过渡金属氧化物，它们的电位相对锂而言大于3V，并且在空气中具备较强的稳定性。

负极材料选用的是可嵌入锂化合物，它们的电位需尽量与锂电位接近，符合条件的有天然石墨、合成石墨、碳纤维、中间相小球碳素等碳材料，以及氧化亚锡SnO、氧化锡SnO_2、锡复合氧化物$SnB_xP_yO_z$ [$x=0.4\sim0.6$, $y=0.6\sim0.4$, $z=(2+3x+5y)/2$] 等金属氧化物。

电解质采用的是混合溶液体系，由六氟磷酸锂（$LiPF_6$）的乙烯碳酸酯（EC）、丙烯碳酸酯（PC）和低黏度二乙基碳酸酯（DEC）等烷基碳酸酯组合搭配而成。

隔膜选用的材料是聚烯烃微孔膜，例如PE、PP，以及由两者组成的复合膜，特别值得一提的是PP/PE/PP三层隔膜，它具有较低的熔点和较高的抗穿刺强度，能够较好地发挥热保险作用。

外壳材料选用钢或铝，盖体组件可防爆断电。

（2）基本原理

电池充电时，从正极含锂化合物中脱出的锂离子经电解液到达负极。负极碳材料的结构是层状的，分布着许多微孔，用来嵌入从正极来到负极的锂离子，嵌入的锂离子数量增多，充电容量就会随之增高。锂离子电池的基本原理如图2-2所示。

我们使用电池实际就是在给电池放电，这个时候锂离子脱嵌于负极碳层回到正极。同样地，越多的锂离子从负极回到正极，放电容量就会越高。当我们提到电池容量时，所指的对象一般是放电容量。

在对锂离子电池进行充电和放电时，锂离子在正极和负极之间来回运动，我们可以将电池比作一把摇椅，电池两极代表摇椅两端，锂离子往返于电池两极正如在摇椅上来回摇摆，因此锂离子电池又被称为摇椅式电池。

（3）充放电机理

锂离子电池的充电过程由两个阶段组成：恒流充电阶段和恒压电流递减充电阶段。

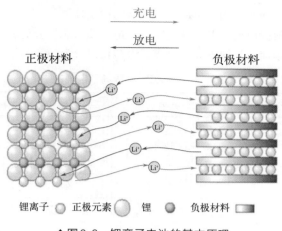

▲图2-2 锂离子电池的基本原理

锂离子电池不可过度充电或放电，否则会导致正负极的永久性损坏。过度放电会造成负极碳片层结构塌陷，进而使得锂离子在充电时不能嵌入到负极；在过度充电的情况下，由于嵌入负极碳结构的锂离子数量太多，有些锂离子再也不能从中释放出来。

要想使锂离子电池的性能保持在最佳状态，应采取浅充浅放的充放电方式，DOD（放电深度）不宜太高，与100%DOD相比，电池在60%DOD下的循环寿命将是前者的2倍至4倍。

2.1.3 锂离子电池的主要分类

锂离子电池具有安全性强、功率密度均衡等优势，是当前在新能源汽车领域应用最广的动力电池。例如，特斯拉已经将三元锂电池应用到其开发的电动汽车当中。从技术上来看，特斯拉未能解决汽车穿刺问题，需要通过强化电池保护的方式来保障电池安全，但当汽车遭受物理撞击时，电池包可能被击破，进而导致汽车出现起火爆炸等事故，严重影响车辆驾乘人员的生命财产安全。

我国的比亚迪将磷酸铁锂电池应用到新能源汽车当中，这种电池具有安全性强、功率密度高和循环使用寿命长等优势，能够在新能源汽车领域发挥重要作用，但同时也存在能量密度低的不足之处。当车辆处于低温环境中时，磷酸铁锂电池的电量损耗较多，难以保证车辆的续航能力。

为了确保锂离子电池在新能源汽车中应用的有效性、安全性和稳定性，相关工作人员需要对新能源汽车动力系统的性能进行优化，并提高材料利用率，降低制造加工成本，同时也要注意对锂离子电池进行养护，防止出现电池体积增大等问题,确保电池工作性能的稳定性。

根据电池外形、使用温度、电解质状态、外壳材质、使用领域、正负极材料(添加剂)的不同,锂离子电池可以分为以下类型,如表2-1所示。

表2-1 锂离子电池的主要分类

分类方式	类别	特点/说明
按照电池外形	圆柱形锂离子电池	目前主要为18650(直径18mm,长度65mm)和26650(直径26mm,长度65mm)两种型号,主要应用于笔记本电脑和电动工具领域
	方形锂离子电池	种类较多,主要应用于手机、数码相机等领域
	扣式锂离子电池	可满足计算机、摄像机等对高比容量和薄型化的要求
按使用温度	高温锂离子电池	主要应用于军工、航天等领域,民用领域主要是汽车的GPS领域
	常温锂离子电池	目前商业化的锂离子电池基本只能在-20～45℃范围内工作
按电解质的状态	液态锂离子电池	电解质为有机溶剂+锂盐
	聚合物锂离子电池	聚合物的基体主要为HFP-PVDF、PEO、PAN和PMMA等
	全固态锂离子电池	还处在实验阶段
按外壳材质	钢壳锂离子电池	密封性较好
	铝壳锂离子电池	质量小
	铝塑膜锂离子电池	电池生产工艺简单,电池的重量比能量高
按使用领域	手机锂离子电池	目前市场容量大
	数码相机锂离子电池	对电池低温性能要求较高
	笔记本电脑锂离子电池	目前以圆柱形为主,随着电脑薄型化的发展,近年来方形电池有取代圆柱形电池的趋势
	电动汽车锂离子电池	对电池的各种特性要求较高
按正极材料分类	钴酸锂电池	应用最广,振实密度高,比能量高,电压平台稳,但是原料贵,对环境有污染,安全性差
	锰酸锂	三维隧道的结构,锂离子可以可逆地从尖晶石晶格中脱嵌,不会引起结构的塌陷,因而具有优异的倍率性能和稳定性。环境友好,但能量密度低、高温性能较差
	磷酸铁锂电池	比表面积大,能量密度高,循环性能好,材料批量化生产很难达到较高的一致性,低温放电性能不好

续表

分类方式	类别	特点/说明
按负极材料分类	石墨	电导性好,结晶度高,具有良好的层状结构适合Li的脱嵌,容量在300mAh/g以上,充放电效率90%以上,有良好的充放电平台
	软碳	结晶度低,晶粒尺寸小,与电解液相容性好,输出电压低,无明显充放电平台,不可逆容量较高,基本没商业化
	硬碳	Li嵌入不会引起膨胀,有良好的充放电循环性能,较高的比容量,可达到400mAh/g以上,并且低温性能好,是理想的电动汽车电池负极材料,日本已经商业化
	钛酸锂	"零应变"材料,电位较高不会形成锂枝晶,目前研究较热,但由于胀气问题至今未得到大规模应用
	硅基	超高的比容量,但由于粉化问题,无法真正使用,仍处于实验室研究阶段

2.1.4 锂离子电池的性能指标

(1) 电池的容量

电池的容量分为额定容量和实际容量。当环境温度位于15～25℃这一区间内时,电池以5h率进行放电直到电压终止,这个过程应提供的电量为电池的额定容量,表示为C5。电池的实际容量则是一定放电条件下电池实际放出的电量,实际容量的影响因素主要有放电倍率和温度。

(2) 电池内阻

电池处于工作状态时,从电池内部流过的电流会受到一股阻力,这就是电池内阻,分为欧姆内阻和极化内阻两部分。电池内阻值大带来的影响有降低电池放电工作时的电压、缩短放电的时间。电池的材料、结构、制造工艺等会影响内阻的大小。电池内阻是一项重要参数,通过它可以衡量一款电池的性能。

(3) 电压

电压分为开路电压和工作电压,后者又称为端电压。电池处于非工作状态时,没有电流从电路中流过,这时电池正负极间的电势差为开路电压。在满电状态下,锂离子电池的开路电压一般在4.1～4.2V,放电后则在3.0V左右。开路电压可以作为电池荷电状态的判断依据。电池处于工作状态时,有电流流过电路,这时电池正负极间的电势差为工作电压。当电池放电时,对于流过电池内部的电流来说，电池的内阻不会对其形成阻力，所以放电时工作电压总是比开路电压低，充电时则会出现相反的情况。在放电时，锂离子电池的工作电压为3.6V左右。

（4）放电平台时间

当电池满电时，放电到某个电压需要的时间为放电平台时间。比如测量一款三元锂电池3.6V的放电平台时间，以恒压充电的方式将电压充到4.2V，在充电电流低于0.02C（C为电池容量）即电池已满电后，停止充电，将电池搁置10min，不论放电电流的倍率是多少，放电至3.6V所需的时间为此电流下的放电平台时间。

有些采用锂离子电池的用电器在工作电压上有所要求，低于要求的数值就无法工作，因此放电平台时间被视为电池性能的重要衡量标准。

（5）充放电倍率

在规定的时间内，电池放出的电流值达到其额定容量的要求，这就是充放电倍率，一般用字母C表示，电池额定容量数值上相当于1C。电池的标称额定容量为10Ah，那么10A就是1C即1倍率，相应的5A为0.5C，100A为10C。

（6）自放电率

自放电率指的是开路状态下电池保持其所储电量的能力，因此又被称为荷电保持能力。电池的制造工艺、材料、储存条件等都会对自放电率产生影响。自放电率同样是电池性能的衡量标准之一。

（7）效率

效率分为充电效率和放电效率。

充电时，电池把消耗的电能转化为化学能，并储存在自身之中，充电效率衡量的是这一转化的程度。充电效率的影响因素有电池的工艺、配方以及电池的工作环境。一般情况下充电效率会随着环境温度的升高而降低。

在一定的放电条件下，电池放电达到终点电压会放出一定的实际电量，放电效率指的是这一实际电量与电池额定容量之间的比值。放电倍率、环境温度、内阻等都会对放电效率产生影响，一般来说放电效率和放电倍率成反比关系，与温度成正比关系。

（8）循环寿命

电池采用一定的充放电制度，经过一定次数的充放电之后，电池容量下降至某一规定的数值，这里的充放电次数就是电池循环寿命。锂离子电池国家标准规定,在1C条件下,电池在经过了500次循环之后,应当保持60%以上的容量。

2.1.5 聚合物锂电池的类型与优点

聚合物锂电池使用了与液态锂相同的正负极材料,且采用与液态锂大体一致的工作原理,两者之间的差异主要体现在所用电解质的不同。锂电池和聚合物锂电池分别采用液体电解质和固体聚合物电解质,固体聚合物电解质的聚合物可以是"干态"的或"胶态"的,聚合物胶体电解质使用得更多。

(1)聚合物锂电池的类型

概括而言,聚合物锂电池主要分为如图2-3所示的三种类型。

▲图2-3 聚合物锂电池的类型

① 固体聚合物电解质锂电池。这种电池采用聚合物与盐的混合物作为电解质,常温下的离子电导率比较低,因此更适合在高温条件下使用。

② 凝胶聚合物电解质锂电池。为了解决固体聚合物电解质锂电池在常温下离子电导率低的问题,这种电池加入了增塑剂等添加剂,这样一来电池便可用于常温条件下。

③ 正极材料为聚合物的锂电池。最新一代的锂电池,正极材料选用导电聚合物,能量较现有锂电池提升较多,可达到现有锂电池的三倍。相较于采用液体电解质的液态锂电池,采用固体电解质的聚合物锂电池拥有许多优点,它具备可薄形化、任意面积化与任意形状化的特性,同时安全性比较高,不会出现漏液和燃烧爆炸等情况,因此出于提高电池容量的目的,在制造电池外壳时可选用铝塑复合薄膜。聚合物锂电池的正极材料还可选用高分子材料,相比于目前的液态锂电池,其重量比能量的提升幅度将超过50%。另外,聚合物锂电池相比于锂电池在性能上的提升还体现在工作电压、充放电循环寿命等方面。

（2）聚合物锂电池的优点

具体来说，聚合物锂电池具有如图2-4所示的几个方面的优点，如图2-4所示。

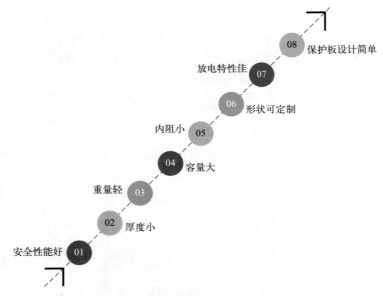

△图2-4　聚合物锂电池的优点

① 安全性能好。与液态电芯的金属外壳不同，聚合物锂电池采用的是铝塑软包装的结构，聚合物电芯在发生安全问题时最坏也不过是出现气鼓的状况，而非像液态电芯一样易产生爆炸。

② 厚度小。普通液态锂电池先定制外壳，然后再塞入正负极材料，难以做到厚度小于3.6mm，聚合物电芯则与之不同，可将厚度做到1mm以下，能够更好地满足当下手机的需求。

③ 重量轻。相较于同等容量的钢壳锂电池和铝壳锂电池，聚合物锂电池的重量分别轻40%和20%。

④ 容量大。相比于同等尺寸的钢壳电池和铝壳电池，聚合物锂电池的电池容量分别高10%～15%和5%～10%，这使得它得到了彩屏手机和彩信手机的青睐，大多数新品彩屏和彩信手机使用的都是聚合物电芯。

⑤ 内阻小。与一般的液态电芯相比，聚合物电芯的内阻比较小，国内生产的聚合物电芯已经可以做到内阻低于35mΩ，使电池的自耗电量大大降低，手机得以拥有更长的待机时间，这样的表现已达到国际水平。聚合物锂电池支持大放电电流，这使得它受到遥控模型的极大欢迎，在镍氢电池替代品的候选中，它的希望是最大的。

⑥ 形状可定制。为满足客户需求，聚合物锂电池的电芯厚度可增加或减小，以低廉的价格和较短的开模周期开发出新的电芯型号，或是直接根据手机形状进行量身定做，最大程度地利用电池外壳空间，扩充电池的容量。

⑦ 放电特性佳。与液态电解质相比，聚合物锂电池使用的胶体电解质的优点在于放电特性更加平稳，放电平台更高。

⑧ 保护板设计简单。采用聚合物材料使聚合物锂电池的电芯拥有较高的安全性，不会出现起火和爆炸的情况，这意味着聚合物锂电池的保护线路可以设计得更加简单，电池过流保护片（PTC）和熔丝都不再是必要的部件，这样一来可以降低电池成本。在安全性、体积、重量、容量、放电性能等方面，聚合物锂电池的优势都非常明显。

2.1.6 磷酸铁锂电池的特性与应用

根据正负极材料划分，锂电池可以分为钴酸锂（$LiCoO_2$）电池、锰酸锂（$LiMn_2O_4$）电池、磷酸铁锂电池。索尼公司研制的第一块锂电池分别以钴酸锂和碳作为正极材料和负极材料，正极材料决定电池的最大可充电容量和开路电压。

钴酸锂、锰酸锂、镍酸锂、三元材料、磷酸铁锂等都可以用作锂电池的正极材料，几种材料中钴酸锂在使用比例上居于绝对的领先地位，其他几种材料受多方因素制约尚未实现大规模生产。我们下面要谈到的是磷酸铁锂电池，即正极材料选用磷酸铁锂的锂电池。磷酸铁锂在材料原理上与钴酸锂和锰酸锂没有不同，同样是一个嵌入和脱嵌的过程。磷酸铁锂电池被用作锂二次电池，目前磷酸铁锂电池正成为动力电池的选项之一，与NI-MH（镍氢）电池、Ni-Cd（镍镉）电池相比优势明显。

（1）磷酸铁锂电池的特性

具体来说，磷酸铁锂电池具有如图2-5所示的几个方面的特性。

▲图2-5 磷酸铁锂电池的特性

① 超长寿命。铅酸电池是电池中的"长寿者"，其循环寿命在300次左右，最高可以达到500次。不过论寿命，铅酸电池在磷酸铁锂动力电池面前也只能甘拜下风，后者在标准充电（5h率）使用的情况下循环寿命可达2000次。

在质量条件相同的情况下，铅酸电池最多能使用1到1.5年，且在这段时间内还要不断进行维护，而磷酸铁锂电池的使用时间可以达到7到8年。由此看来，磷酸铁锂电池的使用寿命远高于铅酸电池。

② 使用安全。如果遇到强烈碰撞，钴酸锂电池和锰酸锂电池会产生爆炸，严重威胁消费者的生命安全，这一安全隐患在磷酸铁锂电池这里已得到了解决。安全测试的结果表明磷酸铁锂电池哪怕在最严重的交通事故中都不会出现爆炸的情况。

磷酸铁锂电池可以通过大电流2C实现快速充放电，如果使用专用充电器，1.5C充电将电池充满所需的时间为40min，启动电流能够达到2C，以上性能是铅酸电池目前所不能达到的。

这种电池的制造不会用到任何重金属和稀有金属，被瑞士通用公证行SGS认证为无毒，不会产生污染，符合欧洲RoHS指令。可以说，磷酸铁锂电池是绝对的绿色环保电池。

③ 耐高温。磷酸铁锂电池具备耐高温的特性，其电热峰值能够达到350～500℃，明显高于锰酸锂电池和钴酸锂电池，后两者的电热峰值只有200℃左右。另外，磷酸铁锂电池在−20～75℃范围内都可以工作，拥有较宽的工作温度范围。

④ 容量。磷酸铁锂电池的容量比包括铅酸在内的普通电池更大。在容量相等的条件下，磷酸铁锂电池的体积和重量分别为铅酸电池的2/3和1/3。

⑤ 无记忆效应。镍氢电池、镍镉电池存在记忆效应，需放完电之后再充电，否则会导致容量低于额定容量。而磷酸铁锂电池不存在这样的问题，可以随时充电随时放电。

正负极材料是决定锂电池性能的关键因素，在最近几年，磷酸铁锂才被用作锂电池材料，而2005年国内已经研制出了大容量磷酸铁锂电池。磷酸铁锂电池采用磷酸铁锂而非过往的$LiCoO_2$（氧化锂钴）、$LiMn_2O_4$（锰酸锂）作为正极材料，在安全性能、循环寿命这些于动力电池而言最重要的技术指标上，拿出了比其他材料更为出色的表现。

在安全性能方面，当单节电池的过充电压达到30V时，磷酸铁锂电池可以做到不燃烧，当受到穿刺时可以做到不爆炸。磷酸铁锂电池的循环寿命在1C的条件下可以达到2000次。以磷酸铁锂作为正极材料的大容量锂电池更容易实现串联使用，这有助于满足电动车高频次充电放电的需求。

磷酸铁锂电池拥有许多优点，包括寿命长、价位低、绿色环保、安全性能出色、原材料相对易得等，这使得它成为新一代锂电池正极材料的理想之选。

磷酸铁锂电池也不是完美的，它的缺点在于磷酸铁锂的振实密度比较小，在同等容量的前提下，磷酸铁锂电池相比于钴酸锂电池等其他材料的锂电池体积更大，因此不太适合制造微型电池。

（2）磷酸铁锂电池的应用优势

后工业时代，汽车的普及速度和普及范围已经达到了一个相当高的水平，这给人们的生活带来了极大的便利。但汽车尾气的大量排放也带来了不可忽视的环境问题，二氧化碳排放会形成温室效应致使全球变暖，同时石油价格的飞速上涨使用车成本不断增加。传统能源存在的缺陷使寻找新型能源成了一项迫切的任务。氢燃料电池是可以考虑的新型能源电池，不过缺点在于价格高昂、技术成熟度不够。普通的铅酸电池成本低廉，但它在重量、能量密度、使用寿命方面存在缺陷，另外由于其含有重金属，可能导致重金属污染。

目前，许多新上市电动车的动力电池选用的都是新型磷酸铁锂电池，作为汽车的动力源，磷酸铁锂电池有着多方面的优势，如图2-6所示。

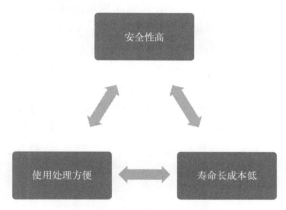

↑图2-6　磷酸铁锂电池的应用优势

① 安全性高。对于汽车来说，安全性这一指标拥有最高的优先级。普通锂电池在大多数时候都能保持较好的安全性，但依然不能应对某些极端情况，在这些情况下可能起火和爆炸，此外爆炸还可能在使用不当时出现。

爆炸和燃烧的问题在磷酸铁锂电池处得到了解决，它是锂电池经历了一次迭代后的产物，本身拥有比较稳定的物理性能，同时电池组还具备过压、欠压、过流、过充等一系列保护功能。另外磷酸铁锂电池使用的材料具有很强的高热稳定性，电池工艺设计也非常缜密，这些使得电池具有极高的稳定性和安全性。磷酸铁锂电池的高温稳定性达到了400～500℃，遇到过充、高温、短路、撞击等情况，甚至遇到最严重的交通事故，电池都不会爆炸或燃烧。

② 寿命长成本低。动力电池的使用成本在很大程度上受使用寿命即循环性能影响。普通锂电池的循环使用寿命在500次左右，而室温条件下，磷酸

铁锂电池在容量保持在95%以上时的循环寿命为1500次，容量在50%时则为2000次以上。

电池拥有极长的续航里程寿命，可以达到50万公里以上，使用周期为五年左右，大幅领先于其他电池，铅酸电池、钴酸锂电池、镍氢电池的续航里程寿命分别仅能达到磷酸铁锂电池的1/8、1/4和1/3。相比于普通锂电池，磷酸铁锂电池的寿命更长，而其本身生产制造成本又更低，这将为电动汽车省去一笔不小的使用和维护成本。

另外，磷酸铁锂电池有着出色的放电性能，其功率曲线平稳，对于过放有着很强的抗性。普通的锂电池电芯在电压低于3.2V时便不可继续放电，否则会形成过放，电池有报废的风险。而在2.8V时，磷酸铁锂电池仍然可以继续释放能量，就算来到2.5V以下，也不必担心电池会报废。

③ 使用处理方便。有的电池存在记忆效应，典型的有镍氢、镍镉电池，也包括普通锂电池。记忆效应要求尽可能做到"满充满放"，不可随时充电或放电，这样在使用电动车时就会遇到一些不便。磷酸铁锂电池不存在记忆效应，需要充电时可随时充，不必等到电放完。另外，磷酸铁锂电池还有着出色的快速充电特性，有专用充电器作为支持，仅用半小时就可以充电到约95%。

对于寿命耗尽的电池应当怎样处理，也是一个关键的问题。比如，铅酸电池含有大量重金属铅，废弃后需妥善处理以防止二次污染环境。而磷酸铁锂电池不含任何的重金属和稀有金属成分，没有毒性，在生产和使用中不产生污染，真正做到了绿色环保。

2.2 镍氢电池结构与原理

2.2.1 镍氢电池的基本结构

镍氢电池的主要组成部分是金属镍和氢离子，与镍镉电池相比，镍氢电池的储电量更大、质量更轻、使用寿命更长，同时还具有无污染的优势，但成本较高，除此之外，镍氢电池的性能也弱于锂电池。

在镍氢电池中，金属指的是金属氢化物，通常可分为AB5和AB2两大类。其中，AB5是较为常用的一种金属氢化物，A指的是稀土元素混合物和钛；B指的是镍、钴、锰、铝。AB2是高容量电池的电极的主要组成部分，A指的是钛或钒，B指的是在锆或镍的基础上添加一些铬、钴、铁、锰。

镍氢电池的化学反应原理是可逆地形成金属氢化物。具体来说，当电池处于充电状态时,氢氧化钾电解液会释放氢离子,化合物则会吸收这些氢离子,防止出现氢气,从而确保电池内部压力的稳定性,同时也避免电池受氢气影响出现膨胀问题。当电池处于放电状态时,氢离子则会按照相反的过程重新回到原处。

从结构上来看,镍氢电池主要由电池壳体、正极、负极、电解液和隔膜等构成。镍氢电池的基本结构如图2-7所示。

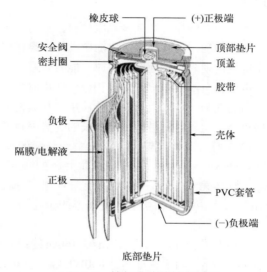

△图2-7 镍氢电池的基本结构

(1) 电池壳体

电池壳体是电池的外部保护结构,大多为金属材料外壳或塑料外壳,具有较强的密封性、防水性和防爆性能,能够在一定程度上保护电池的安全。

(2) 正极

镍氢电池的正极是氢气电极,主要包含氢气吸附材料和电导材料。其中,氢气吸附材料为活性材料,具有吸附氢气的作用,能够在氧化氢气的过程中释放大量氢离子和电子;电导材料为导电支撑材料,能够通过导出电子的方式形成电流,从而实现导电的作用。

(3) 负极

镍氢电池的负极为镍氢电极,主要包含镍氢化物和电导材料。其中,镍氢化物为活性材料,具有吸收氢离子的作用,能够通过还原反应将氢离子转化为氢气,并释放出电子。

(4) 电解液

电解液是镍氢电池中的介质，具有导电和促进电化学反应的作用。氢氧化钾溶液是镍氢电池中常用的一种电解液，当电池处于充电状态时，溶液中游离的氢离子会被吸附到负极表面，当电池处于放电状态时，电池负极会释放出氢离子，而溶液中的钾离子能够平衡电荷。

(5) 隔膜

隔膜大多为聚烯烃材料或聚酰胺材料，具有较强的阻隔性能、耐高温性能和耐化学腐蚀性能，能够在镍氢电池中发挥隔离作用，对电池的正负极进行隔离，防止电池出现短路等问题，同时也能有效避免电解液混合。

镍氢电池具有不存在记忆效应和循环使用寿命长等优势，但同时也存在成本相对较高的缺陷，难以大规模普及应用。与其他动力电池相比，镍氢电池的购置价格较高，但可以凭借使用寿命长的优势来降低综合使用成本。

就目前来看，海外的新能源汽车中所装配的镍氢电池大多来源于Ovonie公司和Takedown。其中，Ovonie公司生产的镍氢电池的比能量可达75～80Wh/kg，循环寿命可达600次以上，能够支撑新能源汽车行驶345km；Takedown是一家由丰田和松下合资创办的企业，也是全球最大的锂离子电池供应商之一。

我国已经开发出了容量为55Ah和100Ah的镍氢电池，这些镍氢电池的比能量可达65Wh/kg，功率密度可达800Wh/kg，且可以反复充电，具有储能大、质量小、无污染、不存在记忆效应、物理性能和电化学性能良好等诸多优势，能够在多个领域中发挥作用，为各类设备设施供能。现阶段，我国已经将镍氢电池应用到国防和民用领域当中。

2.2.2 镍氢电池的工作原理

镍氢电池的工作原理如图2-8所示。从图中可以看出，其正极为$Ni(OH)_2$，负极为金属氢化物，电解液为6mol/L的氢氧化钾溶液。

(1) 充电

充电器中的微电脑可以有效防止电池在快速充电过程中出现过充问题。就目前来看，当前投入市场的镍氢电池大多具备催化剂，电池中的氢气和氧气会在催化剂的作用下转化成水，进而防止出现电池过充问题。

该反应的化学方程式为 $2H_2 + O_2 \xrightarrow{催化剂} 2H_2O$，有效时间为$C/10$（$C$为电池标的容量）。

当电池开始充电时，电池温度会明显上升，部分极速充电器需要使用内置

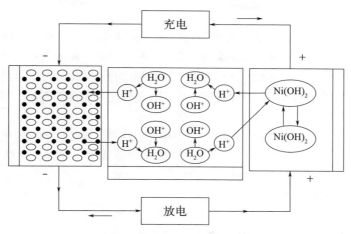

△图2-8 镍氢电池的工作原理

的风扇来对电池进行降温。

对部分价格较低的无线电话基站和电池充电器来说,可以使用较小的恒定电流来为镍氢电池充电,并将长时间充电电流保持在 $C/10h$,在计时器的有无方面也无须设置硬性要求。这种充电方式虽然不一定会造成电池安全问题,但却会在一定程度上缩短电池的使用寿命。

松下公司在《镍氢电池充电指南》中明确说明了镍氢电池的正确充电方法。具体来说,长时间使用较小电流来为镍氢电池充电极易损伤电池,镍氢电池的充电电流应控制在 $0.033 \sim 0.05C/h$,充电时间不能超过 20h。

从长期保养的角度来看,为了保证电池的安全性,延长电池的使用寿命,用户应使用低频脉冲-大电流的方式来为镍氢电池充电。

对于全新或长期未用的镍氢电池,用户需要通过反复充放电的方式恢复电池电量,以便让电池达到标称电量。除此之外,镍氢电池在充电时还有许多注意事项,例如,为了确保充电器可及时散热,用户需要注意不能将充电器放在杂物堆中;为了防止电池受损,用户应小心存放替换下来的电池,不能将电池放置在潮湿、脏乱的地方,也不能让触点接触到金属物体。

(2)放电

当镍氢电池处于放电状态时,用户要避免对电池造成损害。在使用以串联的方式连接的电池时,为了防止出现反向充电问题,用户不能将电量完全耗光。使用串联电池供能的设备大多具有放电电压检测功能,能够在电压降低到一定程度时自动控制电池停止放电,确保电池的安全性。电池单体在放电时并不会出现反向充电问题,可以在不损伤电池的情况下持续放电,直至电压降低到 0。一般来说,周期性的完全能充放电能够在一定程度上确保电池的容量和质量不会下降。

镍氢电池的自放电效应较强，通常可达30%/月甚至更高。一般来说，电池的自放电速率与电量之间存在正相关关系，电池的自放电速率会随着电量的下降而缓慢降低，不仅如此，环境温度也会影响电池的自放电速率。因此，为了确保镍氢电池的性能不受影响，即便是不常用的电池，用户也要将其充到半满状态。

与碱性电池和锂离子电池相比，低自放电效应的镍氢电池在低温环境中能够展现出更好的放电特性，部分生产商认为，在20℃室温下存放一年的镍氢电池所保存的电量仍可达到70%～85%，且可以使用一般的镍氢电池充电机来为其充电。

2.2.3 镍氢电池的主要特性

（1）充电特性

当镍氢电池处于正常充电状态下时，其充电特性变化过程主要包含3个阶段，分别为电压快速上升阶段、电压平稳上升阶段和电压再次快速上升阶段。当镍氢电池处于过充状态下时，电池电压会有所下降。具体来说，镍氢电池充电特性变化如图2-9所示。

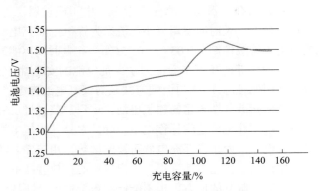

△图2-9　镍氢电池充电特性变化

镍氢电池的充电电压能够影响电池的极化程度、充电效率和使用寿命，一般来说，充电电压较低的镍氢电池往往拥有更低的极化程度、更高的充电效率和更长的使用寿命。

（2）放电特性

镍氢电池的放电电压和放电效率与放电电流、环境温度等因素有关，当电池的放电电流较大且环境温度较低时，放电的电压和效率都会有所下降，不仅如此，若电池长期使用大电流放电，还可能会出现使用寿命缩短等问题。一般来说，镍氢电池的放电终止电压大多为0.9～1.1V。

具体来说，镍氢电池的放电特性变化如图2-10所示。

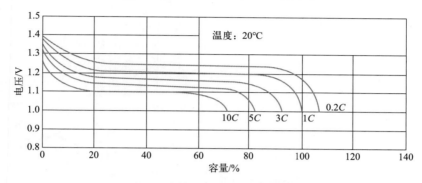

△图2-10 镍氢电池的放电特性变化

（3）容量特性

镍氢电池的放电容量特性会受到充电电流、搁置时间和放电电流等因素的影响。

① 充电电流对放电容量的影响。随着充电电流越来越大，极化程度逐渐升高，镍氢电池所析出的氧气也会越来越多，同时充电效率和放电容量也会逐渐降低。

② 搁置时间对放电容量的影响。搁置时间即电池停止使用的时间，当镍氢电池长期未使用时，可能会出现自放电问题，进而导致放电容量日渐降低。一般来说，镍氢电池搁置初期的放电容量下降速度较快。

③ 放电电流对放电容量的影响。随着放电电流越来越大，极化程度将逐渐升高，同时镍氢电池的电化学极化内阻也会变大，进而导致电池的放电容量降低。

（4）内压特性

当镍氢电池处于充放电状态下时，电池的正极可以产生氧气，负极可以产生氢气，导致电池内部出现一定的气压。具体来说，当电池处于正常工作状态时，电池内压并不会造成安全问题；当电池处于过充或过放状态下时，电池内压会持续上升，存在一定的安全隐患。一般来说，镍氢电池的充放电循环次数越多，电池的内压也就越高，氢气和氧气在电池内部气体中所占的比例也会随之改变。

镍氢电池的内压会受到电池荷电状态（state of charge，SOC）的影响。具体来说，内压的变化曲线如图2-11所示。

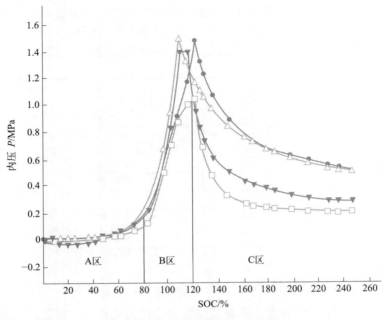

图2-11 内压的变化曲线

① 曲线在A区内的部分可以反映出镍氢电池在SOC为0～80%时的电池内压变化情况；

② 曲线在B区内的部分可以反映出镍氢电池在SOC为80%～120%时的电池内压变化情况；

③ 曲线在C区的部分可以反映出镍氢电池在搁置时间内的电池内压变化情况。

（5）自放电率和存储性能

① 自放电率。在搁置时间内，镍氢电池的容量可能会以较快的速度下降，与此同时，镍氢电池存储的温度和湿度等因素也会对其自放电率造成影响，一般来说，当温度为20℃时，镍氢电池的自放电率通常为20%～25%。

• 温度能够在一定程度上提升正极活性物质的反应速率、负极活性物质的反应速率以及电解液的离子传输速率，进而达到加快自放电反应速率的效果。当存储温度过高时，镍氢电池内部可能出现失衡问题，同时也会产生一些不可逆的化学反应，进而导致电池的整体性能受损。

• 湿度能够影响镍氢电池的自放电反应速率，从原理上来看，湿度与温度所造成的影响存在许多相似之处。具体来说，当存储环境的湿度过高时，镍氢电池的自放电反应速率将会变快，导致电池内部的化学平衡被打破，电池的整体性能下降。

总而言之，在低温低湿的环境条件下，镍氢电池的自放电反应速率较低，电池整体性能也不易出现较大变化，电池的储存难度也比较低，但若存储环境温度过低，镍氢电池的电极材料也可能会发生不可逆的反应，进而导致电池的整体性能受到影响。

② 存储性能。当电池存储在某一环境条件下一段时间后，其主要性能参数将会产生一定的变化。具体来说，电池的存储性能主要涉及电池的容量下降情况、外观变化情况和实际渗液情况等内容。

由于镍氢电池的电极存在自放电问题，电池搁置时，容量将会逐渐降低，因此难以保证电池容量不受存储时间的影响。一般来说，自放电率高的电池的存储难度也比较大，为了防止出现电池容量下降等问题，用户需要遵循"即充即用"原则，减少电池的搁置时间。

除容量下降外，镍氢电池在存储时还可能会出现电解液腐蚀和漏液等问题。具体来说，镍氢电池的电解液中包含30%的氢氧化钾，具有一定的腐蚀性，当电池的正极、负极、隔膜或辅助材料被电解液腐蚀时，电池将会漏液，而漏出的电解液可能会溅到皮肤上，进而对人体造成伤害。

（6）温度特性

在镍氢电池当中，温度的变化能够影响到正负极活性材料的反应速率和电解液的离子迁移率，当温度升高时，反应速率和离子迁移率都会上升，当温度降低时，二者则会随之下降。不仅如此，高温还有助于储氢合金中的氢原子扩散，能够进一步强化储氢合金的动力学性能，同时也能够在一定程度上提升电解液的电导率。由此可见，当温度较高时，镍氢电池的放电容量较大，当温度较低时，镍氢电池的放电容量较小。

具体来说，镍氢电池的温度变化曲线如图2-12所示。

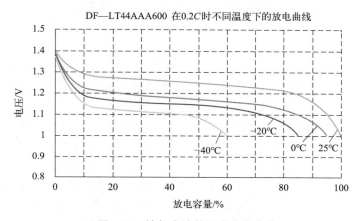

△图2-12 镍氢电池的温度变化曲线

2.2.4 镍氢电池与镍镉电池的比较

碱性蓄电池指的是电解液为碱性溶液的电池，如镍镉电池、镍氢电池等。

镍镉电池大多将氢氧化钾溶液作为电解液，且正负极板上均具有包在穿孔钢带中的活性物质，并借助耐碱的硬橡胶绝缘棍或有孔的聚氯乙烯瓦楞板来避免被电解液侵蚀。具体来说，正极板上的活性物质主要包括氧化镍粉和石墨粉，石墨是一种高活性电催化剂，在化学反应中可以起到提高导电性的作用；负极板上的活性物质主要包括氧化镉粉和氧化铁粉，氧化铁粉能够提高氧化镉粉的扩散性，防止氧化镉粉在反应过程中出现结块的现象，并扩大极板容量。

镍镉电池的自放电速率处于中等水平。镍镉电池具有一定的记忆效应，若在充电前并未完全放电，那么下一次放电时将无法放出全部电量，但在经过几次完整的充电/放电循环后，电池将会重新恢复正常工作。受记忆效应影响，当镍镉电池未完全放电时，用户需要将每节电池放电到1V以下再进行充电。

镍氢电池通常可按照形状划分为方形和圆柱形两大类，且大多以氢氧化镍和30%的氢氧化钾溶液的混合溶液为电解液，以多孔维纶（聚乙烯醇缩甲醛纤维）无纺布或尼龙无纺布等材料为隔膜，以羟基氧化镍为正极板材料，以金属吸氢合金为负极板材料。

镍氢电池具有低温放电性好的优势，能够在-20℃的低温环境中使用放电速率为1C的大电流放电，且放电量较大，但当镍氢电池处于40℃以上的高温环境中时，蓄电量将会有所下降，一般来说，受自放电影响导致的容量损失具有一定的可逆性，用户只需多次对电池进行完全充放电就能恢复电池容量。

镍氢电池与镍镉电池之间存在许多相似之处，如开路电压均为1.2V，充电电流均为恒定电流，但为了避免出现过充问题，这两种电池采用了不同的快速充电终止检测方法。具体来说，充电器在使用恒定电流为电池充电的同时也会对电压等各项相关参数进行检测，当电池电压上升到峰值时，镍镉电池会在电压第一次下降到一个特定值时停止快速充电，而镍氢电池当下就会停止快速充电。

为了保护电池，当电池温度不足10℃时，用户应采用涓流充电的方式来为镍氢电池充电，等电池温度达到10℃及以上时再进行快速充电，并在电池温度达到特定数值时立刻停止充电。

低温镍氢电池能够适应低温环境，即便在-40℃的环境中也能够稳定发挥作用。2000年5月，中国科学院开发出了具有自主知识产权的镍氢电池。从实验结果上来看，我国开发的AA型低温镍氢电池在室温环境中完成充电后，可以在-40℃的环境中以0.2C放电，电池容量可以超过室温下的电池容量50%，能够充分满足用户在低温环境中的使用要求。而普通的镍氢电池在-40℃的环境中的电池容量将会降至室温下电池容量的1/10，无法正常使用。就目前来看,低温镍氢电池是我国能源领域发展的重要成果,该电池的应用也在一定程度上解决了低温环境中的供电问题。

2.3 铅酸电池的结构与原理

2.3.1 铅酸电池的基本结构

铅酸蓄电池选用二氧化铅和金属铅作为正极和负极的材料,电解液则采用硫酸。在放电时,铅和二氧化铅会与电解液发生反应,反应的结果是生成硫酸铅,而充电时会发生恰好与此相反的反应过程。

概括而言,铅酸蓄电池主要由极板组、隔板、电解液、外壳、安全阀等部件构成,其结构如图2-13所示。

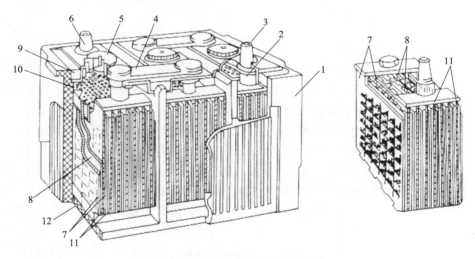

▲图2-13 铅酸蓄电池的基本结构

1—蓄电池外壳;2—电机衬套;3—正极柱;4—连接条;5—加液孔螺塞;
6—负极柱;7—负极板;8—隔板;9—封料;10—护板;11—正极板;12—肋条

(1)极板组

在蓄电池中,极板组是核心部件,由极板并联在一起组成,极板分为正极板和负极板。当有电能充入时,极板组发挥接收器的作用,同时它也向外释放电能。

极板的组成部分包括栅架和活性物质，栅架是极板形成的凭借，并为活性物质提供场所，活性物质则用来进行电化学反应。在材料上，栅架通常采用的是铅锑合金，导电性和耐蚀性较为出色，铅的质量分数在5%～7%。铅的作用具有两面性，更多的铅可以带来更高的浇铸性能和机械强度，但也会对蓄电池的寿命产生较大的消极影响，因为这会使氢更快地析出，导致自放电情况的出现，增加电解液的消耗速度。正负极板的活性物质材料不同，正极板的是二氧化铅（PbO_2），负极板的是纯铅（Pb），两种物质的形态和颜色不同，二氧化铅是棕褐色的多孔物质，纯铅是浅灰色的海绵状物。

为了让蓄电池拥有更大的比容量以及更好的启动性能，一般采用薄型极板，且出于增大容量的考虑，蓄电池的极板由许多片正、负极板组装而成。一组正、负极板组成的是单体电池，单体电池浸入电解液中可以产生2V的电动势。正极板的活性物质比较疏松，在力学性能和强度上有所欠缺，会发生比较强烈的化学反应，如果单面工作会导致极板两侧放电不均匀，进而导致极板发生拱曲。因此为避免此种状况的出现，需要多设置一块负极板，这样保证每块正极板都能够位于两块负极板的中间，使得正极板两面放电均匀，降低极板发生拱曲的概率，极板得以拥有更长的使用寿命。

（2）隔板

出于缩小蓄电池内阻和体积的考虑，正、负极板之间的距离应尽可能短，但两者之间仍需互相绝缘，以防发生短路，这就要借助隔板，隔板所用的材料需要具备绝缘性，比如木板、橡胶、塑料、玻璃等。

隔板要保证电解液的自由流通，不妨碍电解液中离子的顺畅通过，这样可以对正、负极板活性物质的脱落起到抑制作用，避免正极板的振动，达到保护正极板的目的。这要求隔板应当采用多孔结构，达到一定的孔率（60%），以实现较好的渗透性，同时还应当拥有稳定的化学性能、较小的电阻、较高的强度、较强的耐酸性和抗氧化性。此外，隔板的安装需要遵循一定的要求。隔板的构造是一面平整，另一面带有沟槽。在充放电的过程中，正极板这一侧会发生比较强烈的化学反应，因此在隔板安装时要把带沟槽的一面对着正极板，另外沟槽与外壳底部要保持垂直状态，沟槽相当于为正极板提供了一个通道和抓手，在充放电时，正极板能够借助沟槽及时接收电解液，并且如果正极板上的活性物质二氧化铅发生脱落，也能通过沟槽下沉达到底部。

（3）电解液

电解液可以使正、负极板包含的活性物质发生电离，进行电化学反应。将硫酸和蒸馏水按照一定的比例进行配制，就得到了电解液。通常情况下，电解液的密度在$1.24～1.30g/cm^3$，车用铅酸蓄电池的电解液为稀硫酸，在25℃的条件下，其密度为（1.280±0.010）g/cm³。

电池的性能以及使用寿命在很大程度上取决于电解液的密度，电解液的密度越高，其冰点就会越低，同时蓄电池的容量也会越大，不过如果电解液的密度超出了一定的数值，它的黏度就会增加，这样反而会缩小蓄电池的容量，因此要确定合适的电解液密度。把握电解液的密度可以从温度入手。电解液的温度和密度成反比，且两者之间存在着一定的变化对应关系，1℃的温度变化会带来0.0007g/cm³的密度变化。世界范围内，电解质标准温度在不同的国家有不同的数值，中国、日本、欧洲、美国规定的电解质标准温度分别为15℃、20℃、25℃和30℃。

（4）外壳

外壳是盛装电解液和极板组的容器，采用的是一体式结构，外部形状为较长的立方体，壳体内部有3个或6个单体电池槽，用间壁分隔开来，彼此互不相通。外壳内的底部位置有凸筋以放置和支撑极板组，凸筋之间的空间可以容纳从极板脱落的活性物质，避免极板间出现短路的情况。壳体顶部有电池盖用来密封极板，电池盖上分布着加液孔，以方便向单体电池槽添加电解液和蒸馏水，此外电解液液面高度和密度的测量也可由加液孔来完成。

蓄电池外壳对材料的要求包括耐酸、耐热、耐振，且具备良好的绝缘性和一定的力学性能。硬橡胶具有上述特性，是合格的外壳制造材料，不过用硬橡胶制成的外壳壳体壁比较厚，通常达到10mm。硬橡胶外壳在过去使用较多，随着工程塑料领域取得新的突破，聚丙烯塑料外壳逐渐进入人们的视野。聚丙烯塑料外壳符合蓄电池外壳材料的基本要求，同时拥有较好的韧性和更小的质量，壁厚仅3.5mm。此外，聚丙烯塑料外壳所采用的制造工艺比较简单，壳体的热缝合难度低，不会掺入有害杂质，在生产效率、成本和质量上存在突出优势，同时外形美观而透明。聚丙烯塑料外壳的种种优点使它成为当前更受青睐的蓄电池外壳选项。

（5）安全阀（排气阀）

铅酸蓄电池是阀控式电池，对于阀控式电池来说，安全阀这一部件非常关键，直接影响电池使用寿命、均匀性和安全性。一般情况下，安全阀的组成部件为阀体、橡胶阀和防爆滤酸片，有的小型阀控式电池没有防爆滤酸片。安全阀的主要作用是调节电池内部的气压，如果电池的内压处于正常的范围内，安全阀就要维持当前的内压，阻止外部空气进入，保持一定的内压有助于实现更高的密闭反应效率。如果内压高于正常工作内压，可能会出现电池壳盖变形或电池爆炸的情况，这时安全阀会打开，排出适量的空气。另外，安全阀还能够防止由电解液蒸发导致的电池干涸状况。

为了满足使用需要，安全阀应具备以下特性：单向开阀，单向密封，耐酸并能够过滤酸性物质，抗爆炸，抗振动，耐高温和低温，具备至少15年的使用寿命。另外，同一组电池内会有多个安全阀，各安全阀之间开闭压力之差向上偏离平均值的幅度不宜过大，应在20%以下。

2.3.2 铅酸电池的工作原理

铅酸蓄电池各部件上的化学物质之间发生反应，以此来完成电池的充放电过程，这些物质包括正、负极板上的活性物质——二氧化铅和纯铅，以及电解液中的硫酸（H_2SO_4）。

（1）电动势的产生

电池充电后，两块极板放置在电解液中，在溶液所含有的水分子的作用下，正极板中有少量的二氧化铅（PbO_2）渗入电解液中，二氧化铅中的氧离子为二价，与水化合后成为氢氧化铅$[Pb(OH)_4]$，这种物质不稳定、可离解。氢氧化铅中，铅离子（Pb^{4+}）为四价，还有4个氢氧根$[4(OH)^-]$，分别位于正极板上和溶液里，正极板上因含有铅离子而带正电。同时负极板上的铅与硫酸（H_2SO_4）发生反应，铅中含有的二价铅离子（Pb^{2+}）进入电解液，这时负极板上是两个电子（$2e^-$），因此带有负电。正、负极板分别带有正电和负电，分别处于缺少电子和多余电子的状态，所以两者之间存在电位差，这就形成了电池的电动势。

（2）放电过程的电化反应

放电时，由于蓄电池存在电位差，电子经外电路从负极板流向正极板，由此形成了电流，并发生化学反应，化学反应过程如图2-14所示。

放电时，电解液中的硫酸分子会发生电离，变成氢离子（H^+）和硫酸根离子（SO_4^{2-}）。硫酸根离子移动到负极，与负极板上的铅离子（Pb^{2+}）反应形成硫酸铅（$PbSO_4$）附着在极板上，这种物质具有难溶性。正极板上有从负极流入的两个电子，而其本身又含有四价的铅离子（Pb^{4+}），两者发生化合得到了二价铅离子（Pb^{2+}），并与正极板附近电解液中的硫酸根离子结合，同样得到硫酸铅附着在极板上。氢离子移动到正极，正极板含有由水解得到的氧离子（O^{2-}），两者发生反应后得到的是水。

放电时，在电力场的作用下，电解液中的硫酸根离子向电池正极移动，氢离子则向电池负极移动，这样一来电池内部产生电流，形成了电池的回路。放电过程中硫酸的浓度处于持续下降状态，电解液的浓度会降低，电池内阻会随着不具备导电性的硫酸铅的增加而增加，电池的电动势将减少。

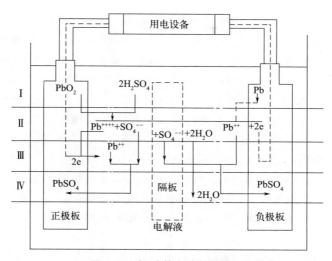

▲图 2-14 铅酸蓄电池的放电过程

Ⅰ—充电状态；Ⅱ—溶解电离；Ⅲ—接入负载；Ⅳ—放电状态

（3）充电过程的电化反应

正、负极板在放电后会得到新的物质，而到了充电时，要把这些新物质再还原成极板本身含有的活性物质，这就需要一个外接的直流电源，这一直流电源的作用还包括完成外界电能向化学能的转变，以及转变后的存储。铅酸蓄电池的充电过程如图 2-15 所示。

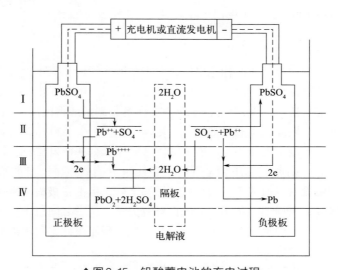

▲图 2-15 铅酸蓄电池的充电过程

Ⅰ—放电状态；Ⅱ—溶解电离；Ⅲ—通入电流；Ⅳ—充电状态

外界电流使正极板上的硫酸铅发生离解，得到二价铅离子（Pb^{2+}）和硫酸根离子（SO_4^{2-}），在外电源的持续吸收作用下，不断地有电子离开正极，因此需要相应的补充，补充所用的电子由正极板附近的二价铅离子（Pb^{2+}）来提供，二价铅离子（Pb^{2+}）放出两个电子就变成了四价铅离子（Pb^{4+}），四价铅离子（Pb^{4+}）与水反应便得到了正极板原本的活性物质二氧化铅（PbO_2）。

同样地，外界电流也使负极板上的硫酸铅发生离解，得到二价铅离子（Pb^{2+}）和硫酸根离子（SO_4^{2-}），在外电源的作用下，电子持续流向负极，与负极板附近的二价铅离子（Pb^{2+}）发生中和，得到了负极板原本的活性物质铅（Pb），得到的铅仍旧以绒状的形态附着于负极板。

电解液中，正极和负极分别产生氢离子（H^+）和硫酸根离子（SO_4^{2-}），离子在电场力的作用下使它们流向负极和正极，由此便形成了电流。

2.3.3 铅酸电池的技术参数

（1）电池容量

电池容量即在一定的放电条件下，电池达到预定终止电压所放出的电量。电池容量取决于电池内活性物质的含量，活性物质含量则又由电池材料和体积决定。电池容量所用单位一般是安时（Ah）或毫安时（mAh）。

举例来说，标称容量表示为250Ah（10h，1.80V/单体，25℃），这里面一共包括四个数值，其中25℃指的是温度条件，10h指的是放电时间，250Ah表示放电量，1.80V/单体表示单体规定的终止电压，即25℃下，以250Ah的电流放电10h，使单个电池电压降至1.80V所放出的容量。

（2）额定电压

额定电压也叫标称电压，在电池刚出厂时，其正负极之间的电势差就是电池的额定电压，决定额定电压的是极板材料的电极电位和电解液的浓度。单体铅酸蓄电池的额定电压是2V，前面曾提到铅酸蓄电池会包括3个或6个单体电池槽，因此铅酸蓄电池的额定电压一般有2V、6V、12V三个数值。

与额定电压不同，蓄电池的实际电压会实时发生变化，如果电池处于空载状态，则此时电压会呈现出一个比较高的数值，而电池有负载，或者以较大的电流为电池放电，会造成电压的下降。电池空载时，电压和剩余电量之间有着较为明确的、可把握的线性对应关系，两者之间呈正相关。如果电池有了负载，电池内部就会产生阻抗，并导致出现压降，这时电池的剩余容量不再能够准确反映电池电压。

表2-2给出了几组蓄电池电压与剩余电量的对应值，在这一表格中，蓄电池处于满荷电状态时电压为12.8V，当铅酸蓄电池的电压为额定电压12V时，

剩余电量为50%，这可以看作是一个临界点，一旦电压低于12V，剩余电量的减少速度会陡然升高。

表2-2 蓄电池电压与剩余电量的对应值

电压/V	10.5	11.3	11.6	11.8	12.0	12.2	12.4	12.8
剩余电量/%	2	10	20	30	50	60	80	100

（3）最大充放电电流

不管是充电还是放电，蓄电池的电流都存在一个限制，这就是最大充放电电流，蓄电池种类不同，最大充放电电流也会有所不同。

需要注意充电电流不宜过大，否则会对电池的使用寿命产生负面影响，对于胶体铅酸电池来说，其最大充电电流大约为$0.15C$（C为电池容量）。由于负极中含有活性炭，铅酸蓄电池有着较大的充电电流，250Ah蓄电池的最大充电电流为$0.25C10$，其中的10表示的是时间，那么10小时内，容量为250Ah的铅酸蓄电池的最大充电电流为$0.25C \times 250=62.5C$。

（4）放电深度与循环寿命

放电深度为电池放电量占其额定容量的比值，用百分比来表示。放电深度在10%～30%、40%～70%、80%～90%时，蓄电池分别处于浅循环、中等循环和深循环放电状态。蓄电池的寿命会在很大程度上受放电深度的影响，要想延长电池的使用寿命，就要注意放电深度不要过深。

蓄电池放电深度与循环寿命的关系如图2-16所示。

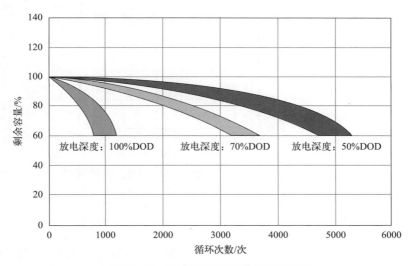

△图2-16 放电深度与循环寿命的关系

蓄电池的一次完整充放电过程就是一次循环，在一定的充放电制度和条件之下，电池在经历一定循环次数后，其容量会低于某个规定值，这个循环次数就是电池的循环寿命。

循环寿命会因蓄电池的种类不同而存在差异，启动型铅酸电池的循环寿命一般在300～500次，传统固定型铅酸电池一般是500～600次，本节介绍的阀控式密封铅酸蓄电池在循环寿命上则表现得较为突出，可以达到1000～1200次。

蓄电池的循环寿命受许多因素的影响，除了上面刚刚提到的放电深度外，还有正确的使用和及时的维护，活性物质的运动如脱落和转移，隔膜的状况，等等。

（5）蓄电池的能量

一定的放电条件下，蓄电池所放出的电能是电池的能量，用来表示能量的单位是瓦时（Wh）。能量有理论能量和实际能量之分，将电池容量和额定电压乘起来可以得到理论能量，将电池实际容量与平均工作电压乘起来，或者将理论能量与放电深度乘起来，都可以得到实际能量，理论能量表示蓄电池最多可以储存多少电量，实际能量表示蓄电池当前有多少电量可供使用。

温度也是电池能量的影响因素，温度下降时电池的活性会随之下降，也使得能量下降。在坐标轴上，电池的能量和温度之间的关系表现为一条相对平滑的曲线，如图2-17所示。

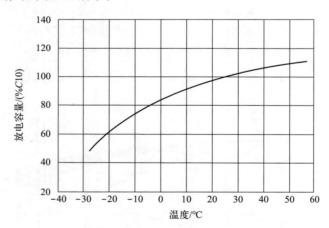

▲图2-17　铅酸蓄电池的能量与温度的关系

2.3.4　铅酸电池的维护方法

要想及时掌握蓄电池的状况，保证电池的正常使用，就要进行蓄电池的日常维护工作。可以使用人工操作，也可以借助自动化设备实施维护，排查电池故障并予以修复。故障可能发生在系统层面，也可能发生在局部层面。

按照检查维护的频率和周期，蓄电池维护可以分为日常维护、季度维护和年度维护。

（1）日常维护

总体来说，日常维护检查的是电池的基本情况，主要包括以下几个方面：

① 检查电池表面，确保表面清洁干燥，如果存在灰尘污垢以及外来杂质要及时清除。

② 监测电池系统的环境温度，环境温度会影响电池的运行状况，检查电池的外观有没有发生变化，以判断是否有故障出现。

③ 测量蓄电池的在线浮充电压和电池组浮充电压，检查面板所显示的电压数值是否准确，如果显示电压与所测电压不符，应及时修正。

④ 检查电池柜和电池室的清洁、通风和照明状况，如果发现问题应尽快解决。

（2）季度维护

相较于日常维护，季度维护的检查内容要更加细致，具体如下：

① 全面地检查电池的外部状况，电池表面是否保持清洁，电池外壳和电池盖有无受损的情况，电池的整体形状外观是否发生了变化，电池有没有过热留下的痕迹。

② 检查电池的温度状况，包括电池环境温度和可代表系统平均温度，温度应保持在25℃，如果偏离这一数值，借助温度控制系统，或者通过浮充电压的调整，对温度实施调节。

③ 检查面板电表的显示情况，测量电池的浮充总电压，如果测量的数值与面板显示的数值不一致，应当找出原因并相应地做出修正。

④ 检查电池浮充电压的波动状况，每个电池的浮充电压存在一个正常的波动区间，如果超出了这一区间，就要查找引起异常的原因并做出修正。

⑤ 检查电池的容量状况，这需要进行一个恢复性放电试验，借助负载进行放电，随后把供电电源切断，将蓄电池作为供电电源。供电时有的电池会表现出容量过低的状况。这可能是由电池未均衡充电导致的，而如果实施均衡充电后，这些电池的容量还是没有恢复，那么就应该用新的电池把它们替换掉。

（3）年度维护

季度维护已经是较为全面的检查维护了，而年度维护则是在季度维护的基础上再增添一些额外的检查内容，增加的检查内容主要包括两个方面：

① 检查电池间连接点的状况，保证连接牢固，如果出现松动应及时修理。

② 检查电池的内阻状况，采用抽样检查的方式，检查电阻不是为了了解电池的容量，因为两者之间不存在明确的线性对应关系，而是为了观测电池的健康状态。

2.4 燃料电池的结构与原理

2.4.1 燃料电池的基本结构

继水力、火力、核能之后，燃料电池作为第四代发电技术出现。其发电原理是通过电化学反应将燃料中的化学能直接转化为电能。一般来说，只要能够保证燃料的不间断供应，燃料电池便能够持续发电。

氢燃料电池是当前燃料电池中较为理想的一种类型，具有高燃料能量转化率、低噪声、零排放等优势，在交通工具（汽车、飞机、列车）和固定电站等领域中均有很大的应用空间。此外，随着燃料电池在航空航天、潜艇制造、分布式电站等领域的成功应用，使其成为各国政府和企业关注的焦点。随着全球能源结构的调整，在未来，风能、太阳能等清洁可再生能源将取代大部分的煤电能源，上游电源结构会趋向清洁化。与当前应用较多的传统燃料技术相比，燃料电池有以下优点：

① 发电效率高。一般在50%～60%，若能够实现循环发电，发电效率将进一步提升至70%以上。

② 低污染。与传统以煤作为燃料的火力发电相比，燃料电池排放少，对环境污染小。

③ 装置运行噪声小。因为装置内部构件简单，因而其工作时噪声一般在50～70dB，影响较小。

燃料电池的系统结构如图2-18所示，相对来说较为复杂，其发电系统主要由燃料电池堆和负责燃料供应、氧化剂供应、水热管理和电管理与控制的子系统构成。空压机、增湿器、氢气循环泵、高压氢气瓶是其主要配件。

（1）燃料电池堆

燃料电池堆是燃料电池动力系统中最为关键的部分。通过电池内部的电化学反应，单个燃料电池产生小于1V的电流，将多个燃料电池进行串联（一般在数百个），便产生了一个燃料电池堆。燃料电池的类型、尺寸、工作温度和其所受到的气体压力供给是决定燃料电池产能的关键因素。

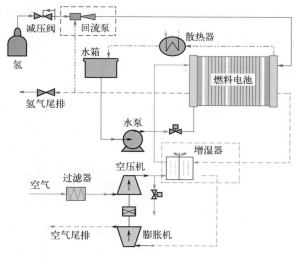

△图2-18 燃料电池的基本结构

（2）燃料处理器

燃料处理器的功能是对燃料的形式进行转化，使之能够被燃料电池利用，有时其是一个吸附剂床，对燃料中的杂质进行去除；有时其也可能是多个反应堆和吸附剂的组合，这具体是由燃料和燃料电池的类型所决定。

（3）功率调节器

为了满足应用的需要，需要对燃料电池中电流特性（如电流、电压频率等）进行控制，这就是功率调节器的主要工作内容。燃料电池产生的是电子只向一个方向流动的直流电，因此若供电的设备使用的是交流电，则需要完成直流电向交流电的转化。

（4）空压机

燃料电池的工作能力与反应物气体压力成正相关，因而为了提高气体压力，燃料电池中往往会配备一台空压机对进口压力进行增压。与环境大气压相比，一般可增压2~4倍。一般运输方面的应用要求空压机的效率应不低于75%。部分情况下，为了提升电力输出，还要配置膨胀器，此时空压机效率应不低于80%。

（5）增湿器

增湿器一般安装在燃料电池的进气口，用以提供保证质子交换膜（proton exchange membrane，PEM）燃料电池的核心聚合物高效工作时所需的湿润环境。增湿器往往由一层薄膜构成（可以与PEM采取同种材料），干燥的进口空气与潮湿的排气空气分别在增湿器的两侧流动。为了让质子交换膜能够得到持续的水化，燃料电池通过增湿器来实现水的循环利用。

2.4.2 燃料电池的工作原理

燃料电池的本质是一种电池，区别在于在保证燃料供给不间断的情况下，燃料电池可以实现连续供电。燃料电池的电力生产是建立在氢气和氧气之间的电化学反应基础上的，电池正是通过将以氢或氧为主要成分的燃料转化为能量和热量来实现电力生产的，同时，从燃料电池内部的反应过程来看，电化学反应可逆。

燃料电池的工作原理如图2-19所示。电池的中心部分是电解质层，是阻隔燃料和氧化剂的物理屏障，但离子电荷以及溶解的反应物可以通过其在电极之间移动。电解质层的两侧是电池的阳极和阴极，由于采用了多孔结构，因此既能够保证燃料（气体或者液体的形式）、电极和电解质之间最大程度的接触，也能够将气体从电解质中分离。在三相接触面上发生气体或液体的电离及去电离反应，反应物离子由电极导入电解质或被导出至电极表面。

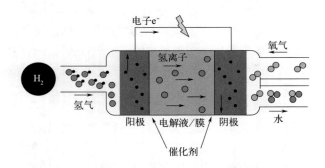

△图2-19 氢燃料电池的工作原理

在阴极，发生氧化还原反应，产生氧化物和水。这一过程会放热，热量以气体形式排出。在阳极，氢燃料进行燃烧反应（多余的氢气会被燃料箱收集再次利用），被氧化为质子和电子。生成物通过不同的载体进行运动——电子通过外电路，质子或氧化物离子通过电解质。随后直流电产生并输出。

理论上，只要有燃料持续供应并保证充足的氧化剂，燃料电池便能够一直发电。但实际上，随着使用时间的拉长，电极和电解质会逐渐老化，因此燃料电池的工作寿命并不是无限的，并且性能也会随使用时间的增加而下降。但是因为燃料电池的部件都是固定部件，因而其具有良好的稳定性。

燃料电池中的电流产生于反应物、电解质和电极之间接触面上的电离反应，但由于三相接触面微小，燃料电池所能提供的直流电量也受到一定限制。为了使接触面最大化，提高供电量，可以将扁平的"多孔电极"与一层纤薄的电解质进行融合。

氢燃料电池的出现象征着供电技术研发上取得了重大突破，这对于各个行业的影响也是革命性的。氢燃料电池环境污染小、能量转化高的优点将有效地解决当前经济发展与环境保护间的关键矛盾，如碳排放问题，在运输、固定发电和传统能源（网络）弹性化领域，贡献尤为显著。

氢燃料电池汽车（FCV）因其拥有与传统燃油汽车同样的功能，但对环境污染更小的优良特点而成为汽车产业发展的重要方向之一。相比于燃油汽车，FCV用氢气和氧气发生反应后产生的电能代替汽油燃烧产生的热能为汽车提供动力，排放物只有水蒸气，这对于降低空气污染和二氧化碳排放大有裨益。因此，氢燃料电池汽车（FCV）作为燃油汽车的替代方案长期可行，该产业的发展对于改善空气质量、减缓气候变暖大有裨益。

除了交通工具方面，氢燃料电池在固定发电领域的应用也十分可行。因其原料充足、发电稳定且对环境友好，能够很好地满足住宅、工作场所和其他工业场所的应用要求。

以燃料电池为动力的飞机更是为燃料电池领域带来了颠覆性的变化。由于氢气是一种具有高能量密度的燃料，因而可以增加飞机的飞行距离并降低其排放。可以说，燃料电池技术的出现能够让整个航空业"脱胎换骨"，解决了气候变化背景下航空业发展的困境，也为环保飞机的发展奠定了基础。

氢燃料电池在能源的梯级利用和改善能源弹性方面同样不可或缺。氢燃料电池稳定、清洁的发电方式为发展微电网和离网供电呈上了一份优秀答卷。尤其是在一些基础设施薄弱的偏远地区或基础设施被破坏的受灾地区，其作用更加显著。

2.4.3 燃料电池的主要类型

燃料电池的类型主要取决于其所采用的电解质。由于电解质的特性不同，因此不同类型的燃料电池需要的燃料、催化剂、环境温度等均有差别，适用的范围也有所不同。

（1）聚合物电解质膜燃料电池

聚合物电解质膜燃料电池又称为质子交换膜（PEM）燃料电池。其所使用的电解质为固体聚合物，配以添加铂或铂合金催化剂的多孔电极，主要燃料为纯氢（多以储罐储存或由重整器提供）。优点是功率密度大、轻便小巧，且其对运行条件的要求低，仅需同时提供氢气、含有氧气的空气和水即可，其化学反应如图2-20所示。

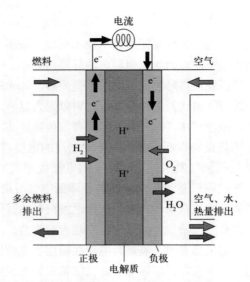

图2-20 聚合物电解质膜燃料电池的化学反应

(2) 直接甲醇燃料电池

在一般的燃料电池中,往往以纯氢气作为动力燃料或通过重整甲醇、乙醇和碳氢化合物等富氢燃料在系统内燃烧后产生氢气提供动力,富氢燃料需要完成向氢气的转化后再进行供给。而直接甲醇燃料电池(DMFC)则是由纯甲醇作为动力燃料,与水混合后直接供给至燃料电池阳极处,该类型燃料电池化学反应如图2-21所示。

在燃料电池中,燃料的存储一直是一个难度较大的问题,然而直接甲醇燃料电池在这一方面受限很小。甲醇是一种能量密集(能量密度高于氢气)、但在所有环境条件下都相当稳定的液体,在运输与大规模供给方面难度较低。直接甲醇燃料更适合为生活中的一些便携式燃料电池供电,如手机或笔记本电脑。

(3) 碱性燃料电池

碱性燃料电池(AFC)曾在美国太空计划中被广泛应用,主要用于生产航天器上的电能与水,该类电池技术在所有的燃料电池技术中开发最早。其所使用的电解质为碱(氢氧化钾)水溶液,同时可以搭配多种非贵金属对阴阳两极进行催化。碱性燃料电池的化学反应如图2-22所示。

最近几年,一些新型碱性燃料电池(AFC)被开发出来,与传统的聚合物电解质膜(PEM)相似,其电解质也为聚合物膜,只是膜为碱性而非酸性。碱性燃料电池(AFC)中电化学反应以高速率进行,这是该类电池具有高性能的关键,在太空应用中可达到60%以上。

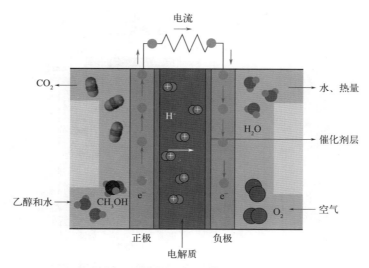

△图2-21 直接甲醇燃料电池的工作原理

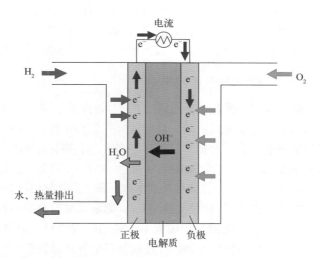

△图2-22 碱性燃料电池的化学反应

（4）磷酸燃料电池

当磷酸被包含在聚四氟乙烯键合的碳化硅基质中时，可以得到液态磷酸。使用液态磷酸作为电解质的电池叫作磷酸燃料电池（PAFC），该类电池所配备的是含有铂催化剂的多孔碳电极，其电化反应如图2-23所示。

目前普遍认为，磷酸燃料电池（PAFC）是"初代"现代燃料电池，也是现有燃料电池中最成熟的类型之一，最早被商业化使用。该类型电池在固定发电领域中的应用较为普遍，为城市公交车等大型车辆提供动力。

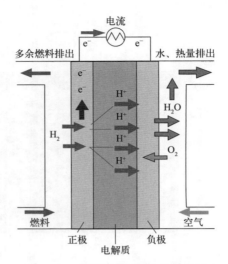

△图2-23 磷酸燃料电池的电化学反应

一些能够转化为氢气的化石燃料中，往往会含有一定的杂质，如一氧化碳。相比于因为阳极的铂催化剂与一氧化碳结合而被"毒化"，效率降低的聚合物电解质膜（PEM）燃料电池、磷酸燃料电池（PAFC）对杂质的耐受性更强。

（5）熔融碳酸盐燃料电池

熔融碳酸盐燃料电池（MCFC）主要应用于天然气及煤基发电厂中，该项技术当前正处于开发阶段。熔融碳酸盐燃料电池（MCFC）所使用的电解质主要为熔融碳酸盐混合物，其悬浮在多孔且具有化学惰性的锂铝氧化物基质中。因为该类电池的运行温度很高（可达650℃），因而可以使用非贵金属对电池的阴阳两极进行催化，这使得其成本有所降低。其化学反应图如图2-24所示。

相比于磷酸燃料电池（PAFC），熔融碳酸盐燃料电池（MCFC）的高效率是赋予其高性价比的另一因素。一般的磷酸燃料电池效率为37%～42%，而在搭配涡轮机的情况下熔融碳酸盐燃料电池（MCFC）的效率可接近65%，若能够对其余热进行捕获和使用，则该类型电池的整体燃料效率可突破85%。

碱性、磷酸和PEM燃料电池需要借助外部重整器对天然气和沼气进行转化，获得氢气，而熔融碳酸盐燃料电池（MCFC）则不需要。其运行时的高温环境为燃料中的甲烷和其他轻质碳氢化合物向氢气的转化提供了条件，实现了燃料的内部重整，这也使其运行成本有所降低。

（6）固体氧化物燃料电池

固体氧化物燃料电池（SOFC）所使用的电解质材料为无孔陶瓷化合物，化学能到电能的转化率在60%左右。在热电联产的应用中，系统废热能够被

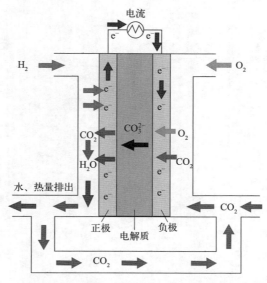

▲图2-24 熔融碳酸盐燃料电池的化学反应

捕获并得到再次利用,此种条件下固体氧化物燃料电池(SOFC)对整体燃料的使用效率可达到85%。

固体氧化物燃料电池(SOFC)的运行温度极高,可达1000℃,这时候其运行时不需要使用贵金属催化剂,成本降低。此外,其运行温度同样可以满足燃料内部重整的要求,不需要使用外部重整器,因此成本进一步降低。固体氧化物燃料电池的化学反应如图2-25所示。

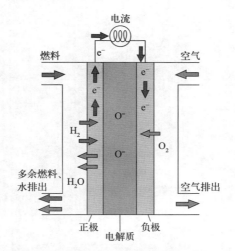

▲图2-25 固体氧化物燃料电池的化学反应

第 3 章

动力电池包设计与优化

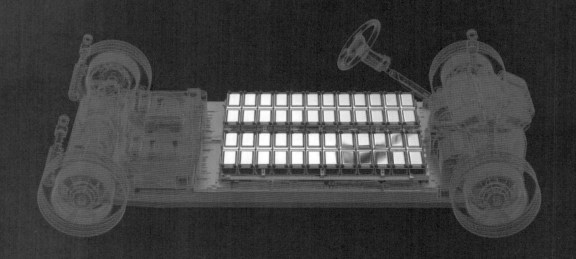

3.1 动力电池包的基础知识

3.1.1 动力电池包的基本结构

电动汽车的电池包包含动力电池模组、电池管理系统（battery management system，BMS）、电气和机械系统等多个部分。其中，动力电池模组是车辆的供能设备，主要由内部的单体电池构成，而单体电池通常指锂电芯，主要包含隔膜、电解液、正极材料和负极材料等。这些材料和设备逐步组装成电池的过程被称为电池Pack。

Pack意为包装，在动力电池领域，Pack指的是单个组件的包装、封装或装配的过程。电池Pack通常可分为加工、组装和包装三个环节。

具体来说，电动汽车的能源系统主要涉及锂电池单体、锂电池模组和锂电池包，三者之间的区别如下：

① 锂电池单体：电池单体是构成电池的最基本单元，也是电池模组的重要组成部分，能够输出3～4V的电压。

② 锂电池模组：电池模组是由多个电池单体以及电池保护板构成的供电设备，既能够通过串联多个电池单体的方式提供数倍于电池单体的电压，也能够通过并联多个电池单体的方式来提供更大的电容量。

③ 锂电池包：电池包主要由多个电池模组以及BMS构成，是电池厂商产出的最终产品。

从具体构成上来看，动力电池包主要包含五部分，分别为动力电池模组、结构系统、电气系统、热管理系统和电池管理系统，如图3-1所示。

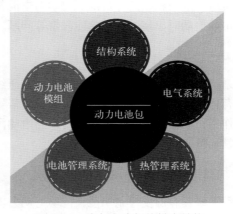

▲图3-1 动力电池包的基本结构

（1）动力电池模组

动力电池模组是动力电池包的主要组成部分，具备存储和输出能量的作用，能够为电动汽车供能。从构成上来看，动力电池模组就是以串联和并联的方式组合的动力电池单体的集合。

动力电池模组具有连接、固定和安全防护的基本作用，且能够和BMS、热管理系统等各个相关系统共同组成动力电池包，并在此基础上借助相应的工艺、结构和设计装配到电动汽车当中，为车辆供能。

从组成上来看，动力电池模组主要由动力电池单体组成，动力电池单体可以按照正极材料划分成钴酸锂电池、锰酸锂电池、磷酸铁锂电池和镍钴锰酸锂三元材料电池等多种类型。从结构上来看，动力电池模组需要具备一定的支撑和固定作用以及热性能、电性能、机械强度和故障处理能力，能够为动力电池单体提供保护。

动力电池的电芯形状主要包含圆柱形、方形和软包三种类型，这三种电芯各具优势，同时也都存在一定的不足，能够在不同的情况下发挥作用。动力电池包的性能与动力电池组有关，动力电池组的性能会受到各个电芯的影响，由此可见，为了保障动力电池包的性能，相关工作人员需要从整车的设计要求出发，选择合适的电芯材料和电芯形状，确保各个电芯均具备良好的性能。

动力电池组的测评主要涉及电芯位置固定情况、电芯保护能力、载流性能、电芯温度控制能力、断电保护情况、热失控防范能力等内容。

（2）结构系统

结构系统是动力电池中的重要支撑，包含托盘、端板、螺栓、金属支架和动力电池包盖板等多个部分，能够对动力电池进行支撑和保护。从力学性能上来看，为了保证动力电池包的安全，结构系统应具备一定的强度和刚度，在出现碰撞、挤压、翻滚和跌落等情况时对动力电池包进行保护，防止动力电池包在遭受冲击或振动时出现形变和功能异常等问题。

（3）电气系统

电气系统主要包含继电器、低压线束、高压线束或高压跨接片。其中，低压线束具有信号传输作用，能够实时传输检测信号和控制信号；高压线束具有能量传输作用，能够将电池中的电能传输到电动汽车的各个部件当中，支撑各个部件正常运行。

（4）热管理系统

热管理系统具有温度控制功能，能够对动力电池包的温度进行调控。具体来说，电动汽车的热管理系统可以根据冷却方式划分为风冷式热管理系统、水冷式热管理系统、液冷式热管理系统和相变材料热管理系统四种类型。各类热管理系统的组成各不相同，例如，水冷式热管理系统的组成部分主要包含隔热垫、导热垫、冷却板和冷却水管等。

（5）电池管理系统

电动汽车的 BMS 系统主要由单体控制单元（cell monitor unit，CMU）和电池管理单元（battery management unit，BMU）两部分构成，在动力电池包中发挥着管理和控制的作用。

CMU 不仅可以均衡电池功能，还可以获取电池的电压、电流、温度等数据信息，并通过相应的信息传输设备将这些数据信息传输到 BMU 当中，为 BMU 进行电池管理提供支持。

BMU 能够对来源于 CMU 的各项数据进行评估，及时发现电池中存在的异常情况，并采取减小电流或断电等电池保护措施，防止电池出现超标使用等问题，除此之外，BMU 也可以管理电池的电量和温度，当电池的电量或温度达到控制策略中所设定的数值时，BMU 就会借助整车控制器向驾驶员发送警示信息，提醒驾驶员及时采取相应措施。

3.1.2 动力电池包的关键技术

动力电池包能够影响电动汽车的性能和使用寿命。动力电池包的关键技术主要涉及系统集成技术、功能要求和性能要求、基于功能要求的开发流程等内容。

（1）系统集成技术

系统集成技术在电池模组设计、电池管理系统、电池冷却系统和安全保护系统等多个方面发挥着十分重要的作用，是动力电池包设计和制造过程中不可或缺的一项技术，如图 3-2 所示。

△图 3-2　动力电池包系统集成技术

① 电池模组设计能够在一定程度上影响动力电池包的能量密度、功率密

度和循环寿命等多项性能参数，而系统集成技术的应用能够有效优化电池模组设计。

② 电池管理系统在动力电池包的充放电控制和安全保护方面发挥着重要作用，系统集成技术的应用能够增强电池管理系统的安全防护能力，进而提高电池的安全性和可靠性。

③ 电池冷却系统具有控制动力电池包温度的作用，能够根据实际情况调控电池温度，防止电池受损，提高电池的使用寿命。系统集成技术的应用能够提高电池冷却系统的有效性，确保电池冷却系统在冷却流量、冷却介质和热传递效率等方面均可满足车辆的要求。

④ 安全保护系统能够有效防止电池出现过充、过放、过温等问题，确保电池的安全性，系统集成技术的应用能够在一定程度上为安全保护系统提供支持。

除此之外，系统集成技术在电动汽车中的应用还需要综合考虑多项相关因素，如电池包的重量、尺寸、成本等。为了保证电动汽车运行的稳定性和续航的持久性，动力电池包需要具有较高的能量密度和功率密度，但受空间等因素的限制，动力电池包还需尽可能地降低重量，缩小尺寸。由此可见，为了在最大限度上优化动力电池包设计，汽车行业需要充分发挥系统集成技术的作用，对各项影响因素和限制因素进行全方位考虑。

（2）动力电池包功能要求和性能要求

动力电池包的功能要求主要涉及电池容量、电池充电时间和电池放电时间等内容，性能要求主要涉及能量密度、功率密度、循环使用寿命和安全性等内容，而这些内容直接影响着整个电动汽车的性能和使用寿命。

一般来说，汽车行业可以根据如图3-3所示的几项指标来对动力电池包进行评估。

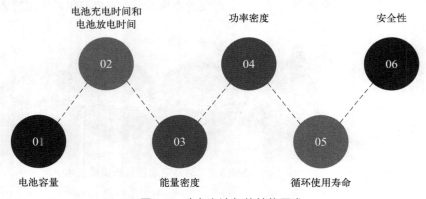

图3-3 动力电池包的性能要求

① 电池容量。指电池的最大荷电量,在电动汽车当中,动力电池包的电池容量能够影响到车辆的续航能力,若电池容量较大,那么相应车辆的续航能力也会较强。

② 电池充电时间和电池放电时间。能够影响到用户对电动汽车的使用体验。对汽车行业来说,在动力电池包设计环节,需要综合考虑电池容量、电池充电时间和电池放电时间等多项相关因素,确保车辆中的各项操作的便捷性。

③ 能量密度。指单位体积的电池的最大能量存储量或单位质量的电池的最大能量存储量。

④ 功率密度。指单位体积的电池的最大能量输出量或单位质量的电池的最大能量输出量。

⑤ 循环使用寿命。指电池的循环充放电次数。

⑥ 安全性。指电池的安全性能。

在动力电池包的设计和制造过程中,汽车行业必须了解用户需求和应用场景,并在此基础上优化调整各项功能要求和性能要求,确保动力电池包能够满足各类用户在各种场景中的应用需求。

(3)基于功能要求的开发流程

从流程上来看,动力电池包的开发需要经过需求分析、概念设计、详细设计、生产制造、测试和验证等多个步骤。需求分析是开发动力电池包的基础,在开发过程中,汽车行业的相关工作人员既要综合考虑电池的各项功能要求,也要平衡好电池的各项性能要求,确保设计的科学性、合理性和规范性。

除此之外,在开发动力电池包的过程中,汽车行业的相关工作人员还需做好以下几项工作:

① 在进行概念设计时,综合考虑动力电池包的结构、材料和布局等因素。

② 在进行详细设计时,设计电池模块、电池管理系统、电池冷却系统和安全保护系统。

③ 在进行生产制造时,完成电池和电池包测试等工作。

④ 在进行验证测试时,测试电池的充电情况、放电情况、循环使用寿命和安全性能,防止电池包在电动汽车中应用时出现问题。

为了推动动力电池包实现商业化,汽车行业的相关工作人员还需结合成本和可制造性等各项相关因素,不断对动力电池包的设计进行优化升级。

近年来,电池技术快速发展,电动汽车的使用数量日渐增多,动力电池包的关键技术逐渐成为人们关注的重点内容,汽车企业也陆续加大对动力电池包的研究力度,力图通过对动力电池包的研究来强化车辆性能,延长车辆的使用寿命。

综上所述,动力电池包的关键技术涉及多个领域的知识,为了确保电动汽车在能源方面的安全性和稳定性，汽车行业需要学习和应用各行各业的知识和技能，充分发挥动力电池包关键技术的作用，全面优化动力电池包，强化动力电池包的性能，提高动力电池包的稳定性和可靠性。与此同时，动力电池包的关键技术的发展和应用也能够在一定程度上推动整个电动汽车行业快速发展。

3.1.3　电池包的安全性

近年来，电动汽车的应用范围越来越广，电池安全问题也日渐突出，对汽车行业来说，可以从电动车和动力电池的安全性、目前的安全防护要求、工况要求和安全设计策略四个方面对动力电池包的安全性问题进行分析，以便进一步优化电池包的安全设计策略，提高动力电池和车辆的安全性。

（1）电动车和动力电池的安全性

电动车的安全性与多项因素相关，其中，动力电池的安全性是影响电动车安全性的核心因素。具体来说，动力电池安全性的影响因素主要包括以下几点，如图3-4所示。

△图3-4　动力电池安全性的影响因素

① 化学反应。动力电池可以通过化学反应将电能转化为化学能进行存储，也可以通过化学反应将化学能转化成电能来为电动汽车供能。当动力电池内部出现化学反应失控时，电池温度会迅速上升，甚至出现起火、爆炸等安全问题。

② 电池温度。当动力电池处于高温环境中时，可能会出现自燃、爆炸等安全问题。

③ 机械损伤。当车辆出现撞击、振动等问题时，动力电池可能会受到机械损伤，出现短路、漏液等问题，进而对安全性造成影响。

（2）目前的安全防护要求

就目前来看，汽车行业已经针对动力电池包的安全性问题提出了相应的安全防护要求，具体来说，这些要求主要涉及如图3-5所示的几个方面。

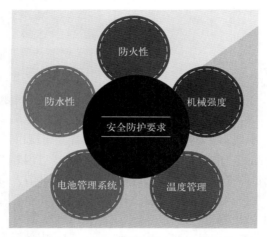

△图3-5　动力电池包的安全防护要求

① 防水性。动力电池包应具备较强的防水性能，在任何环境中都能防止出现进水等问题。

② 防火性。动力电池包应具备较为完善有效的防火措施，防止出现自燃、爆炸等安全问题。

③ 机械强度。动力电池包应具备较强的机械强度，能够抵挡机械振动和机械撞击带来的影响，防止出现因机械冲击而造成的损害。

④ 温度管理。动力电池包应具备较强的温度管理能力，能够在温度过高时及时散热，在温度较低时有效保温。

⑤ 电池管理系统。动力电池包应充分发挥电池管理系统的作用，对各个电池模组和电池单体的状态进行监测，让系统可以及时获取电池温度和电池电量等数据，并据此对整个动力电池组进行管理。

（3）动力电池包的工况要求

电动车已经被应用到各种复杂的工作环境当中，在多种场景中发挥着重要作用，同时电动车在动力电池包的安全性方面的要求也越来越高，因此汽车行业还需进一步提升动力电池包的工况要求，如图3-6所示。

① 速度提升和撞击位置变化要求。当车辆处于高速行驶状态时，动力电池包所承受的机械冲击较大。当动力电池包无法承受机械冲击时，可能会出现短路、漏液等问题。除行驶速度外，撞击位置也直接影响着动力电池包的安全性。

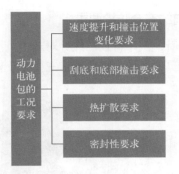

△图3-6 动力电池包的工况要求

② 刮底和底部撞击要求。当车辆行驶于城市道路上时，动力电池包可能会受到刮底、底部撞击等机械作用的影响，出现外壳破损等情况。为了保证动力电池包的安全，在电池包设计和生产制造环节，汽车行业的相关工作人员还需充分考虑机械作用的影响，并在此基础上加强防范。

③ 热扩散要求。当车辆处于高速行驶状态时，动力电池包会产生大量热量，若动力电池包存在散热不及时等问题，内部温度将会迅速升高，并产生自燃、爆炸等安全隐患。由此可见，在电池包设计和生产制造环节，汽车行业的相关工作人员还需进一步增强电池的散热能力，以便达到提高电池的安全性的目的。

④ 密封性要求。密封性是衡量电池包安全性的一项重要指标，现阶段，电动车在动力电池包的密封性方面的要求很高，未来，电动车的应用场景越来越复杂多样，电动车对动力电池包的密封性要求也将继续提升。

(4) 动力电池包的安全设计策略

对汽车行业来说，可以从五个方面来提高动力电池包的安全性，如图3-7所示。

△图3-7 动力电池包的安全设计策略

① 新材料的应用。汽车行业的相关工作人员可以发掘安全性高、稳定性强的新材料，并将其应用到动力电池包当中，以便提高电池包的安全性。就目前来看，汽车行业已经开发出了磷酸铁锂等多种新型电池材料，这些新材料能够有效防止电池出现自燃、爆炸等安全问题，明显提高电池包以及电动汽车的安全性。

② 智能化电池管理系统。智能化电池管理系统能够对电池状态进行监测，并根据实际监测情况来调控电池的温度和电量，防止电池出现安全问题。与此同时，该系统还具备远程监控和故障预警等诸多功能，能够及时发现电池中存在的异常并预警处理，切实保障电池的安全性和可靠性。

③ 仿真模拟技术。仿真模拟技术可以利用计算机对电池包在不同环境中的使用情况进行模拟和分析，并在此基础上掌握电池包在各种工况下的受力情况和温度分布情况等，进而实现对电池包安全性的有效评估，为相关设计人员的工作提供支持。仿真模拟技术的应用能够减少汽车行业在电池设计和试验环节花费的时间成本，从而提高电池设计效率，确保电池设计的合理性。

④ 自愈性材料技术。自愈性材料指的是具有自动修复能力的材料，这种材料在电池包中的应用能够有效缓解和修复电池包的机械损伤，提高电池包的安全性。

⑤ 安全监测技术。安全监测技术可以与车辆中的传感器设备和监测系统协同作用，实时采集电池的状态信息和运行数据，及时发现电池中存在的安全隐患，并采取相应的解决措施，防止出现各类电池安全问题。

3.1.4　国内外动力电池包发展现状

随着市场规模的扩大，新能源汽车的发展越来越迅速，产业体系也越来越完善，相应地，动力电池产业也逐渐繁荣起来。动力电池是新能源汽车的核心部件，为车辆动力系统提供能源，还能实现能量的回收与储存。可以说，动力电池的容量直接决定了汽车的续航里程，因此动力电池的性能是新能源汽车的一个重要指标。

由于动力电池技术尚未成熟，目前的动力电池还无法为新能源汽车提供与传统机动车同等级的续航能力，且电池的安全性也有待提高，因此厂商需要从优化电池包的结构入手，改善电芯、模组的集成方式，为动力电池提供更理想的工作环境，从而提升电池性能。

加大对新能源汽车的投入已经成了全球汽车厂商的共识。消费者在选购时十分重视新能源汽车的续航性能，因此国内外的汽车厂商顺应市场需求，开发出了许多种类、型号的动力电池包。国内外新能源汽车企业的电池配套情况如表3-1所示。

表3-1 国内外新能源汽车企业的电池配套

电池企业	配套车企	典型车型	电池类型
松下	特斯拉	Model 系列	三元锂电池
	奥迪	A3 e-tron	
	福特	C Max–Energi	
	丰田	普锐斯	
三星	大众	帕萨特	
	宝马	i3,i8,X5	
	奔驰	C350eL	
LG	现代	索纳塔 PHEV	
	通用	Velite5	
	奔驰	GLE 500e	
比亚迪	比亚迪	唐、宋	磷酸铁锂电池
宁德时代	长安	新逸动 EV	三元锂电池
	吉利	帝豪 EV	
	上汽	EU300	
国轩高科	江淮	iEV7	
	奇瑞	eQ	

（1）国际主流车载动力电池包

在德、美、日、韩等以中高端车型为主的新能源汽车市场上，动力电池包主要采用的是三元锂电芯，这种动力电池包在市区或郊区环境下，能为车辆提供600公里以上的强大续航。尤其是日韩两国一些具有代表性的厂商，如松下、三星、LG，生产的动力电池因为性能优秀而广受欢迎。

以特斯拉为例，其优化电池包的思路是提高单个电芯的储能上限，减少使用电芯的数量。沿着这个思路，特斯拉推出了使用46800电芯的Model Y车型，仅使用960个电芯，其动力电池的能量密度较之前提高了5倍，电池容量有显著的提高。

（2）国内主流车载动力电池包

国内动力电池市场的龙头企业主要有宁德时代和比亚迪，在其带领下，我国的动力电池行业已经逐渐实现了有序发展。目前，三元锂电芯已经逐渐开始在国产高端新能源汽车上普及，中低端车型则依旧使用磷酸铁锂电芯，这种电芯更加安全，但能量密度较低，因此与进口新能源汽车相比，在续航能力上稍显逊色。

但国内厂商依旧在现有技术水平下不断寻找更好的解决方案，如比亚迪推出的磷酸铁锂刀片电池，使用更长、更薄的细长型电芯，取消了大部分构件，实现了更高的集成度，在电池容量上取得了突破。

目前市场上最常见的动力电池是典型式集成电池，即将电芯组合后集成进电池箱体中。电池工作时，温度、荷载都是不断变化的，厂商已经对这些影响因素进行了大量的仿真性研究，对电池包的结构有比较深的理解，并在此基础上不断优化电池包结构，推出了各种高集成度、高能量密度的电池包。

3.2 电池包结构设计与优化

3.2.1 机械结构设计

电池包的结构设计要与整车的性能指标与预设功能相匹配，目前的电池包机械结构设计主要包括四个方面：确定基本性能参数、设计初始机械结构、优化仿真分析、搭建实物进行分析，如图3-8。

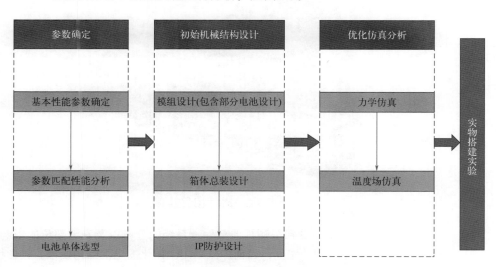

▲图3-8　电池包机械结构设计流程

机械结构的设计主要集中在对电池模组的设计上,即如何更好地将电芯集合成组,从而达到预设的电池容量,并为整车提供足够的工作电压。出于安全性的考虑,单个电池模组的结构稳定性必须达标,才能保证电池包在整车环境中持续工作而不发生结构上的损坏。

此外,模组的形状、大小也要与箱体匹配,还要为其他元器件预留空间。通过不同条件下对空间的充分利用,目前已有多种电池包机械结构被研发出来,如分体式、一体式、工字形、土字形、⊥形等,图3-9为土字形、⊥形电池包结构。

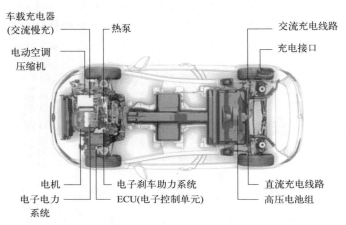

(a) "土" 字形电池包

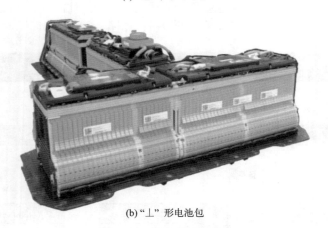

(b) "⊥" 形电池包

图3-9　动力电池包结构

电池包的机械结构受到车辆其他部件、系统的分布以及安装部位的影响,为了最大化地利用有限的空间,目前广泛采用一体化的电池结构设计。其形状细节会随着车型改变,来减轻车辆行驶时的荷载,降低碰撞时的风险。

3.2.2 高压电气设计

电池包的电气安全设计主要包括四个方面：出现过电流时的保护措施设计、用低压信号检测高压回路的设计、预充电电路的设计、防碰撞安全措施的设计。电池包电气设计架构如图3-10所示。

电池包的整体架构会受到箱体内电器元件分布的影响，因此在进行机械结构设计时首先要决定电气系统的安装方式。尤其是新能源汽车的额定电压越来越高，这对电器元件本身的强度和其集成方式都提出了更高的要求。

3.2.3 热管理系统设计

热管理系统设计的目的是让电池的工作温度维持在10～40℃，在这个温度范围，锂离子的电化学反应效率最高，电池的充放电速度最快，因此需要使用热管理系统来保证电池模组的温度处于这个窗口。

电池材料能够在一定程度上影响电池包的温度，进而间接影响到电池包的安全性和可靠性。一般来说，散热性能较好的材料能够及时降低电池包的温度，防止电池因温度过高而出现自燃、爆炸等安全事故。具体来说，导热材料、绝缘材料和新型材料都是锂离子电池包中常用的材料，与电池包的热管理系统之间存在十分紧密的关联。

（1）导热材料

导热材料具有良好的传热性能，能够快速传导热量，如石墨片、氧化锌、碳纳米管等。石墨片能够快速将电池包中的热量传导出去，进而达到降低电池包温度的效果，但同时石墨片也存在导热系数低和易受杂质影响等不足之处，汽车行业在将其应用到动力电池包当中时，需要保证石墨片的纯度和质量。与石墨片相比，氧化锌和碳纳米管的热稳定性更高，导热系数也更大，但需要经过特殊处理才能投入使用，因此需要在制备方面花费更多成本。

（2）绝缘材料

绝缘材料是一种在允许电压下不导电的材料，如云母、泡沫铝和玻璃纤维等。这类材料能够有效隔离电缆、电子元件，防止电池中的各部件互相接触，同时也能确保各部件的干燥性。在各类绝缘材料中，玻璃纤维具有成本低、耐高温性能和耐腐蚀性能强等诸多优势，能够迅速降低电池包内部温度，但绝缘性能不足，难以对水分和各类有害物质进行有效隔离。

（3）新型材料

许多新型材料具备热稳定性强、热传导性能强、力学性能好等特点，能够

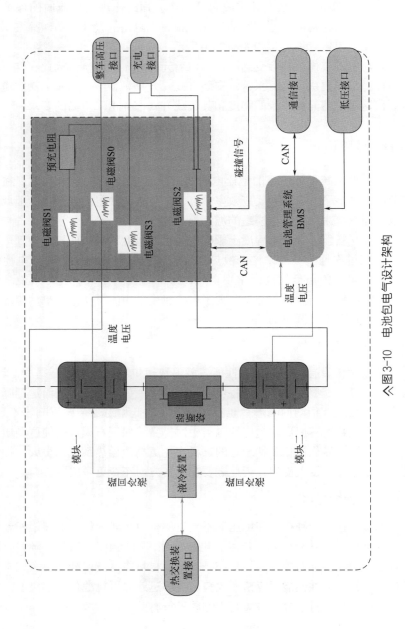

图3-10 电池包电气设计架构

应用到锂离子电池包当中，提升电池热管理水平，如纳米材料、陶瓷材料和碳基材料等，但同时这些材料也存在制备成本高、制备难度大等不足之处。除此之外，汽车行业还将一些新型导热复合材料应用到锂离子电池包当中，如 SiC/SiO_2 复合材料等，进而实现对热管理系统的优化。

综上所述，导热材料、绝缘材料和新型材料各具特色，对汽车行业来说，需要充分掌握电池包的特点、使用环境、性能要求等各项相关信息，并在此基础上综合考虑制备成本、制备难度、环保性等多项因素，选出合适的材料，确保电池包热管理的有效性。

3.2.4 集成方案设计

随着新能源汽车行业的迅猛发展，动力电池相关技术也实现了接连突破，出现了各种创新集成方案，将产业链各个环节的技术成果应用到动力电池的生产中，使动力电池材料、工艺、集成、管理等各个方面都有了很大的提升。如去除了正极材料中的钴元素，降低了成本；开发出CTP电池，减少构件数量，实现了轻量化；使用刀片电芯进行集成，提高了能量密度，增加了电池容量；推出弹匣电池技术，提高了三元锂电池的安全程度。电池包集成设计结构如图3-11所示。

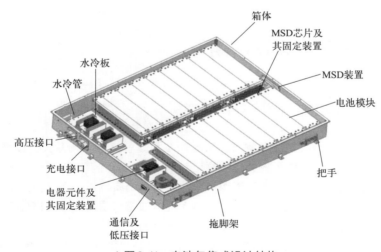

图3-11 电池包集成设计结构

动力电池为新能源汽车提供动力，其最基本的储能单元是电池包中的电芯。电芯的集成方式主要有模组式集成和无模组式集成两种，国内外的动力电池厂商正大力推广一体化电池，一体化的集成方式从2022年开始投入量产。电池包发展技术路径如图3-12所示。

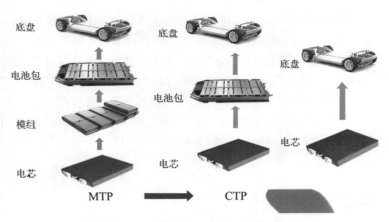

图3-12 电池包发展技术路径

目前国内的动力电池厂商掌握的技术水平有限,在续航能力和电池安全性上仍与德、美、日、韩厂商的产品有一定的差距。究其原因,主要是电芯的集成方式存在缺点,热管理系统的性能不足。我国的新能源汽车行业起步较晚,短时间内无法在技术上达到国际先进水平,想要从电池包入手提高整车性能,就要结合自身的技术特点,提高单个电芯的储能上限,优化电池包的整体结构。

3.3 电池包轻量化设计策略

3.3.1 动力电芯轻量化设计

在传统机动车领域,减轻整车重量就是为车辆减负,能够提高续航能力,但如何实现整车轻量化一直是一个难题。而对于新能源汽车来说,轻量化的意义更加重大。因为新能源汽车的动力系统质量占比更大,如果通过增大电池包体积的方式提高续航性能,会大幅增加整车质量,导致惯性变大,不利于驾驶员规避风险,与汽车的安全性有一定的冲突。

这一矛盾与动物相似,为了满足能量需求,摄入更多食物,摄入食物越多,身体负担越大;新能源汽车的电池越重,车辆骨架就会承担越大的压力,行驶时的消耗也越大,且长时间行驶更容易发生故障,严重影响车辆性能。

减重对车辆的影响就如同瘦身对人的影响,能够更轻松地完成驱动,而不会因为一些冗余的部件增加能耗。整车构件越少、重量越轻,动力系统的负担就越小,在同样大小的能量供给下,能支持车辆行驶更长的里程。

传统机动车的油箱容积一般在几十至一百升不等，在这个基础上减重10%就可以节省6%～8%的油耗；新能源汽车电池包质量可达到几百千克，占整车质量的五分之一以上，如果在此基础上减重10%，最多可增加十分之一的续航。因此，动力电池的轻量化逐渐成为市场趋势，也是各大厂商努力的方向。轻量化的实现对车辆的续航性能、安全性能和节能减排效果都至关重要。

要实现电池包的轻量化，首先就要从电池包的结构入手，电池包的结构又分为四个部分：

① 机械构件：电池包的壳体、端板、顶盖。
② 储能模块：电芯以及电芯组成的模组。
③ 控制单元：主要是蓄电池管理系统。
④ 电器元件：各种线束与继电器。

其中，电芯与壳体是最主要的组成部分，是电池包质量的主体，实现轻量化需要减小的正是这两部分的质量。从减小电芯质量入手，主要是使用高能量比的电芯材料；针对壳体的减重主要是设计更合理的空间结构，使电池包容纳更多电芯的同时匹配整车空间。总结下来即：使用新材料、采取新设计、探索新工艺，三个方面组成完整的轻量化流程。

下面首先对电芯轻量化设计进行简单分析。

目前我国的新能源汽车主要使用的是磷酸铁锂电芯，这种材料的耐久度更高，电池的使用寿命更长，因此为国内厂商所青睐，大规模投入生产。以磷酸铁锂电池的代表企业国轩高科为例，其生产的磷酸铁锂电池单体能量密度可达240Wh/kg，系统能量密度也在190Wh/kg以上，远高于市场水平，大幅减轻了电池重量。

而三元材料电池的单体能量密度更高，市场平均水平就可以达到180～210Wh/kg，能够提供更优秀的续航能力，更适用于私家车，因此市面上使用三元锂电芯的电池数量也越来越多，这一领域的龙头企业是宁德时代。

目前，电芯轻量化的设计方向主要体现在三个方面，即结构优化、铝壳材料优化、结构件减量化，如图3-13所示。

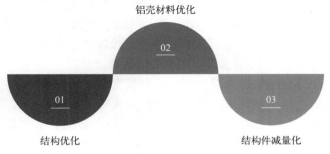

图3-13 电芯轻量化的设计方向

(1)结构优化

① 顶盖结构优化。方形电芯顶盖中包含光铝片、正极端子、负极端子、正极极柱、负极极柱、正极上塑胶、负极上塑胶、下塑胶和密封圈等部件,其中,光铝片、正极端子、负极端子、正极极柱和负极极柱等部件为金属件,在整个顶盖中的重量占比较大,为了减轻顶盖的重量,相关设计人员需要在确保结构和加工可行性不受影响的情况下,尽可能降低各项金属件的厚度,并缩小各个端子和极柱的尺寸。

② 铝壳结构优化。就目前来看,汽车行业大多采用拉伸、挤压、弯折、焊接等工艺来制备动力电池的铝壳,其中,使用拉伸、挤压工艺制造出的铝壳有一个开口,使用弯折、焊接工艺制造出的铝壳有两个开口。为了实现动力电芯轻量化设计,相关设计人员需要优化电芯铝壳结构,降低铝壳壁的厚度。具体来说,当铝壳经过多次拉伸和挤压后,铝壳壁的厚度可以降到大约0.5mm,当铝壳经过弯折、焊接等工艺后,铝壳壁的厚度将会降至大约0.3mm。例如,比亚迪通过铝壳结构优化的方式大幅降低了铝壳重量。

(2)铝壳材料优化

铝壳存在强度较低的不足之处,当铝壳壁的厚度过低时,将无法保证电芯的安全性。为了兼顾电芯结构件轻量化和电芯安全性两项要求,汽车行业需要对铝壳材料进行优化。

具体来说,不锈钢材料具有强度高、硬度高、载荷大等特点,汽车行业可以用不锈钢材料来制造需要承受较大载荷的结构件;复合材料具有各向异性、可设计性等特点,汽车行业可以用高强度的复合材料来制造需要特定力学性能的结构件。除此之外,相关设计人员还需综合考虑工艺性和成本等多项相关因素,力图在最大限度上优化铝壳材料。

(3)结构件减量化

从动力电池的电芯层面上来看,结构件减量化指的是通过将铝壳作为正极输出端的方式来减少顶盖的结构件数量。一般来说,在正极输出端与铝壳集成化的动力电芯当中,顶盖不再使用正极端子、正极极柱、正极上塑胶和密封圈等结构件,这有效降低了结构件的数量。

结构件数量的减少在一定程度上提升了动力电芯的轻量化程度。除此之外,相关设计人员还可以通过加大电芯尺寸的方式来实现动力电芯轻量化设计。以比亚迪刀片电芯为例,该电芯的长度大约为1000mm,从尺寸和重量的换算情况来看,其各项结构件的重量远低于尺寸较小的电芯结构件。

3.3.2 箱体材料轻量化设计

目前市面上电池包的壳体主要是用低碳钢钣金、焊接而成的,这种材料的优点是成本较低,缺点是密度太高,不利于整车重量的减轻,也会限制电池包的系统能量密度,需要进行轻量化设计。

壳体的轻量化最直接的方法就是寻找更轻的材料,通过这种方法进行减重效果比较显著。

我国新能源汽车行业处于起步阶段时,由于缺乏统一的行业标准,因此厂商会直接使用碳钢作为壳体材料降低成本,这就会导致整车质量非常大。随着市场规模的扩大,行业有了可参照的轻量化标准,因此厂商普遍使用强度高、密度低的高强度钢、铝合金或复合材料。

高强度钢是一种轻量化材料,屈服强度在210~550MPa,抗拉强度在340~780MPa,使用较少的该材料就可以达到与普通碳钢相同的结构强度,减轻电池包的重量。以客车为例,其电池箱体就是通过高强度钢冲压而成的,既能实现对电池的保护作用,又能有效降低电池质量,提高系统能量密度。此外,其成本在轻量化材料中也是较低的。

铝合金的优势主要是密度较低,抗冲击性能高,还拥有一定的可塑性,满足结构强度的同时,还能根据实际情况改变箱体形状。箱体一般使用压铸或挤压-拼焊工艺,顶盖则主要使用冲压-拼焊工艺。但加工铝合金构件的难度比较高,工艺成本不可忽略,同时铝合金比高强度钢更昂贵,因此材料成本也是一个问题。厂商需要优化工艺流程、降低材料成本,才能使用铝合金材料进行轻量化设计。现在的消费者比较注重新能源汽车的安全性,厂商也大多使用铝合金材料制造壳体,以迎合消费者的需求。

近些年来,复合材料在市场上的表现绝对引人注目,其应用不仅限于汽车行业,而是深入到各个领域。复合材料是指多种材料结合到一起形成的新材料,拥有轻质、高强度、耐疲劳、抗腐蚀、绝缘等性能特点,且工艺性比较好,加工难度低,既被厂商看好,又受到消费者的欢迎。复合材料已经实现了量产和大规模应用,目前市场上大部分的电池壳体都是以铝合金作箱体,以复合材料作顶盖。

复合材料根据结构上的不同可以分为夹层复合材料和纤维复合材料,后者由于能更大幅度地减小壳体质量,因此使用范围比前者更广。但不同种复合材料之间的成本差异较大,工艺难度也不同。应用价值较高,且已实现大规模量产的有片状模塑料、纤维塑料混配材料、碳纤维材料、三明治结构材料以及树脂材料等。以片状模塑料为例,使用该材质的电池包顶盖与钢材顶盖相比减重比例在40%左右,基本实现了壳体的轻量化。又如蔚来ES6的碳纤维增强复合材料,在比钢材轻40%的同时,隔热性能也更强,如图3-14所示。

图3-14 蔚来汽车ES6的电池外壳

由于成本问题，复合材料目前仅仅应用在一些高端汽车上，但随着相关技术水平的提高，复合材料的生产成本将会不断降低，届时，复合材料也会应用于中低端汽车的电池壳体制造上，以碳纤维为代表的复合材料的市场也会随之扩大。

一体化电池的研究逐渐深入，在未来也会占据一定的市场份额。将电芯直接安装在整车环境中更容易发生危险，对保护层的要求更高，因此部分车型可能会使用特殊钢材隔绝电池。

另外，未来还可能使用多种材料来进行电池包的轻量化设计，如上文提到的复合材料顶盖与铝合金壳体。根据不同材料的性能特点和不同部件的结构要求，在不同的部位使用不同种类的材料，从而充分发挥各种材料的优点，综合提高电池包的性能，实现降本增效。但如何将不同材料拼接在一起也是一个问题。

3.3.3 壳体结构轻量化设计

除了对箱体材料进行轻量化设计之外，我们还可以对电池箱体本身的结构做出优化，削减箱体厚度，加强连接处的强度，从而保持整体的结构强度。通过减小壁厚，壳体和电池包整体的高度都会下降，能够提供更多空间，减轻整车质量。

除优化电池箱体结构以外，动力电池厂商还致力于优化电芯的集成方式来降低电池包的质量。典型式集成电池是将电芯集成之后安装在箱体中，在这个基础上，通过设计结构将一些构件合二为一，可以进一步减轻电池质量，实现轻量化。如直接将座椅安装在电池包上，将座舱底板作为电池包的顶盖；或者将底盘与电池包的下壳体一体化。这些设计可以让车辆的结构更加简洁，也能提高车辆的轻量化程度。国内厂商如宁德时代、比亚迪，国外厂商如特斯拉，都已经就结构设计进行了大量的尝试，在缩小电池包体积方面取得了丰富的成果。现有的轻量化设计主要有CTP、CTB和CTC三种，后一种结构都建立在前一种结构的基础上，其集成度是逐渐提高的。

电池箱体一体化即无模组电池（CTP），直接摒弃了模组这一层次，将电芯直接安装在电池包内，通过减少集成等级，精简了构件数量，节省的空间可用于安装更多电芯，提高电池包的系统能量密度。CTP结构示意图如图3-15所示。

电池车身一体化（CTB）的集成方案最早由比亚迪提出并实现生产，这种集成方式将顶盖与座舱底板合二为一，从而使顶盖-电芯-箱体的三层结构变成整车的三层结构，提高了整车的集成度。CTB在减轻整车重量之余，还让车辆更加安全，是动力电池领域的重大突破。图3-16为比亚迪研发的CTB技术。

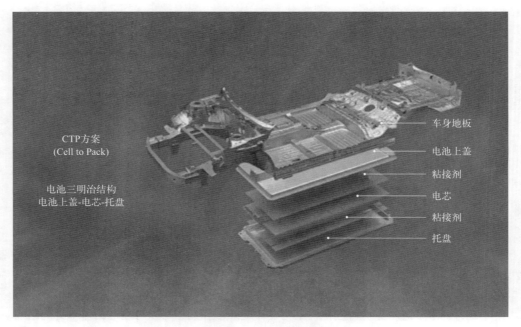

△图3-15　CTP结构示意图

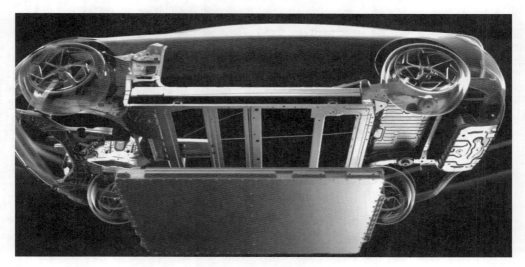

△图3-16　比亚迪CTB技术

电池底盘一体化（CTC）是一种把电芯和相应的系统、元件直接安装在整车中的集成方式，这种集成方式直接取消了壳体，使用的构件比CTB更少。同时集成工艺也更简单，不但降低了生产成本，而且还能留出更多的空间用于安装电芯，进一步提高了续航性能。CTC集成方案对动力电池的意义不只是容纳和保护，更是将其作为整车的构件，提高车身承载能力。图3-17为零跑汽车CTC架构图。

△图3-17 零跑汽车CTC架构图

3.3.4 制造工艺轻量化设计

制造工艺取决于壳体使用的材料种类和预设计的箱体结构，因此电池包的制作工艺必须与材料和结构相匹配才能实现轻量化目标。从板材成型、箱体连接和表面处理入手，可有效减轻电池的重量。

在材料成型时，若使用复合材料，可以用注射的方式代替金属材料的冲压工艺；又如使用3D打印生产部件，可以将本来需要拼接的部件一并制造出来，就免去了连接处的重量。在材料的拼接上，对于一些行驶中载荷不大的部位，可以用粘接或铆接来代替传统的焊接。在表面处理时，有些复合材料可以免去复杂的处理过程，或只是喷涂一些材料，便可达到相关标准要求，减少处理过程中加入的材料重量。

但也应该注意，对于厂商来说，一切轻量化设计都应该建立在低成本的基础上，在实现轻量化的过程中，过于先进的设计往往因为成本太高缺乏量产价值，一切以投入生产后的实际收益为准。

总之，动力电池的轻量化可以满足消费者对续航性能的要求，厂商因此进行了大规模的研究、测试来实现技术上的突破。依照现有的技术特点和研究成果，轻量化技术的发展趋势还包括：

① 进一步优化设计：提高计算机性能与仿真测试水平，优化电池包的设计流程，让轻量化设计的结果更加可靠，借助更强大的算力，也能逐渐得出电池包结构的最优解。

② 提高集成水平：在未来，电池与车身、底盘的一体化将会逐渐普及，还会出现更多的集成方式，逐渐将电池完美融入整车环境。

③ 改进BMS：对电池的运行状态实现更全面的监控，返回的各种数据可以为进一步的轻量化设计提供思路。

续航里程严重制约新能源汽车市场规模的扩大，作为能够有效提高续航性能的手段，轻量化对本行业意义重大。沿着以上几种轻量化思路不断实践、拓展，在不久的将来，就可以把新能源汽车的续航性能提高到与燃油车相当的水平。

第 4 章

电池管理系统
BMS

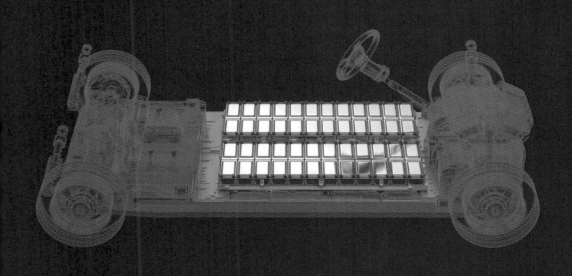

4.1 BMS架构及芯片技术

4.1.1 BMS的硬件架构

电池是电动汽车最重要的部件之一,为电动汽车提供动力,类似于发动机之于燃油汽车。电池的寿命以及各项性能参数在很大程度上决定着电动汽车的整体品质。因此,要想提高电动汽车的质量,就要从电池这一关键部件入手。根据电池的各项性能指标优化其运行状态,避免在使用电池时出现种种问题,使电池拥有更长的使用寿命。

电池管理系统(battery management system,BMS)的主要功能是对电池进行监控和维护,以延长电池的使用寿命。在BMS的作用下,电动汽车的电池组、整车系统和电机之间建立了连接。借助传感器,BMS获取到蓄电池多方面的状态和数据,包括蓄电池总体和各组成部件的电压、电池的温度和负载等,并在安全、通信、电芯均衡和管理控制等方面采取相应的维护措施,电池管理系统基本架构如图4-1所示。

BMS的硬件架构包括CPU、隔离变压器、控制局域网络(controller area network,CAN)模块、带电可擦可编程只读存储器(electrically erasable programmable read only memory,EEPROM)等,其中CPU为核心硬件,硬件结构如图4-2所示。

BMS硬件的拓扑结构有集中式和分布式两种。

(1)集中式

集中式BMS是将电子部件集中到一个板块内,通过菊花链,采样芯片可以与主芯片实现通信。其优点在于采用的电路设计比较简单,一定程度上降低了生产成本,但是因为主板包含了所有电子部件,所以所有的采集线束也会连接到主板上,存在安全方面的隐患,此外菊花链在通信稳定性方面表现不够好。

(2)分布式

分布式BMS的组成部件包括主控制器、高压控制器、从控制器及采样控制线束。各部件具备不同的功能。主控制器对上报的信息作出处理,信息的来源为从控制器和高压控制器,依据信息完成对电池运行情况的判断,发挥BMS控制策略实现载体的作用,诊断故障并进行故障处理。与集中式不同,

第 4 章 电池管理系统 BMS

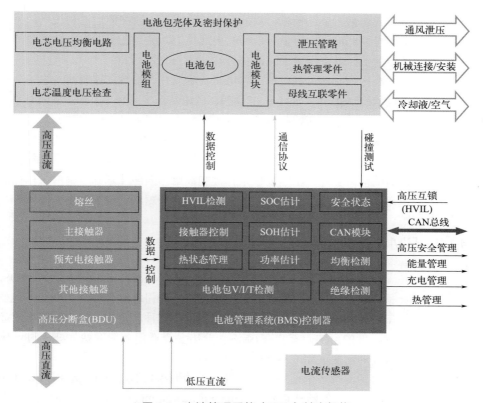

△图 4-1 电池管理系统（BMS）基本架构

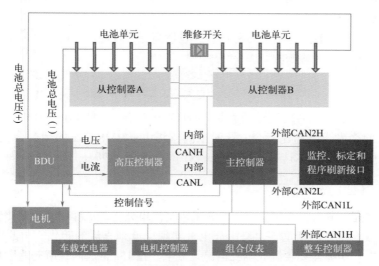

△图 4-2 电池管理系统（BMS）硬件架构

分布式包括一块主板和一块从板。其优点在于较高的通道利用率，另外其系统配置可以适应不同容量和规格的电池模组，缺点在于如果电池模组的数量少于一定数值，就会导致通道浪费。

高压控制器监测电池的总电压、电流并上报给主控制器，为主板计算电池荷电状态（state of charge，SOC）、健康状态（state of health，SOH）提供相应的数据，另外高压控制器还具备预充电检测和绝缘检测的功能。

从控制器负责收集上报单体电池的相关信息，包括温度和电压，它的动平衡功能可保证电芯在动力使用过程中保持一致性。电池的信息采集，以及控制器间的信息交互，都需要以采样控制线束作为硬件基础，同时采样控制线束在电压采样线上增加了冗余功能，避免电池外短路状况的发生。

4.1.2 BMS的软件架构

汽车开放系统架构（automotive open system architecture，AUTOSAR）协会是一家由车企、部件供应商、软件系统公司等联合建立的联盟，他们发布了汽车开放系统架构，为汽车上使用的电子软件制定标准。出于降低对硬件设备依赖程度的目的，架构在BMS上分出多个通用功能区块，在不过度影响应用层软件的前提下完成不同硬件的配置。

为了保持多个模块的灵活性，如诊断事件管理（diagnostic event manager，DEM）、故障诊断通信管理（diagnostic communication manager）、功能禁用管理（function inhibition manager，FIM）、CAN通信预留接口等模块，架构在进行配置时要经过应用层，因此需与应用层软件建立连接，这要借助RET接口来实现。

应用层软件包含了多种功能，包括高低压管理、充电管理、状态估算、均衡控制、故障诊断等。

（1）高低压管理

上电时，借助硬线或者是CAN的12V信号唤醒BMS，BMS自检完毕后，VCU会发出上高压指令，这时上高压将由受BMS控制的闭合继电器来完成；下电时，VCU下达下高压指令，这时12V信号会断开。

（2）充电管理

充电分为慢充和快充，慢充采用交流电充电，流程相对来说比较简单，在车载充电器的帮助下，交流充电桩实现交流到直流的转化，由此完成电池的充电。快充需要直流充电桩输出直流电，在45min之内，所充的电量可以达到80%，快充需由充电辅助电源A+信号来唤醒。

（3）状态估算

状态估算需要用到多种算法。SOC（state of charge）是核心控制算法，用来表示电池的剩余容量，要用到安时积分法和扩展卡尔曼滤波（extended Kalman filter，EKF）算法。SOH（state of health）表示当前电池健康状态，用百分比表示，低于80%则不可使用。SOP（state of power）表示电池的功率状态，可以在电池达到临界点之前对功率作出限制。SOE（state of energy）表示电池的剩余能量，主要作用是估算剩余续航里程，这一算法目前国内厂商开发有限。

（4）均衡控制

均衡控制用来解决电池单体的不一致性带来的问题，正如木桶的容量由短板决定，充放电过程中，性能最差的电池单体会首先截止，并导致电路的截止，这时其他电池单体的能力还没有得到充分利用，这样便造成了电池的浪费。

均衡控制分为主动均衡和被动均衡，主动均衡将能量较多电池单体中的能量转移到能量较少的电池单体，在此过程中没有能量损失，但是复杂的结构和高昂的成本让其在与被动均衡的竞争中处于劣势。被动均衡结构简单、成本低，虽然会造成一定的能量浪费，但同样能取得比较好的均衡效果，因此为许多厂家所采用。

（5）故障诊断

故障的种类有很多，包括数据采集及合理性故障、传感器和执行器等电器设备故障、通信故障及电池状态故障等。根据情况的不同对故障等级作出区分，对于不同的故障等级采用不同的处理措施，包括发出警告、限制功率及切断高压。

4.1.3　BMS的芯片技术

BMS核心芯片通常由多个部件组成，包括主控MCU、模拟前端（AFE）芯片、CAN隔离网络收发器、电流传感器、温度传感器、接触器、熔丝/电缆及其他部件等，元器件的参考型号、单车用量、成本等如表4-1所示。

表4-1　BMS芯片及元器件组成

芯片及元器件品类	参考型号	单车用量	单车价值量/美元	成本占比
温度传感器	N/A	若干	50	8.7%
接触器	TE Connectivity Evxxx	2个	200	34.8%

续表

芯片及元器件品类	参考型号	单车用量	单车价值量/美元	成本占比
主控MCU	NXP MPC5xxxx	1个	50	8.7%
CAN隔离网络收发器	NXP MC33664	若干（主板与外部通信需要1个，从板与主板通路上数量不一定）	24	4.2%
AFE模拟前端芯片	NXP MC33771/33772	若干（按单个芯片通道数决定）	100	17.4%
电流传感器	LEMCAB500	1个	100	17.4%
熔丝/电缆及其他部件	N/A		50	8.7%
总计			574	

（1）计算单元（MCU、FPGA等）：控制、计算

MCU是一种计算平台，它需要符合汽车电子领域的多项标准，包括AEC（汽车电子委员会）制定的AEC-Q100，以及ISO 26262《道路车辆功能安全》国际标准。MCU的作用有很多，比如在亚德诺公司的48V油电混合BMS中，MCU的作用包括继电器控制、均衡控制、SOC/SOH估算、数据收集和存储等。在稳定性、可靠性、安全性、长效性方面，车规级半导体都有着较高的标准。

① 稳定性：汽车可能处于温差较大的环境中，因此芯片需要在较宽的温度范围内保持控制性能不受影响。

② 可靠性：车企对车规级半导体的失效率提出了非常严格的要求，一般不允许出现失效的情况。

③ 安全性：汽车电子行业的功能安全标准越来越高，这意味着车规级半导体等电子系统需满足更高的安全性要求。

④ 长效性：由于车规级半导体需要自始至终为整车服务，因此其使用寿命也应与整车的使用寿命同步，即15年及以上，而消费电子产品的寿命远远低于这一数值。

此外，也正是由于整车在整个生命周期内都存在对车规级半导体的需求，因此供应商应从供应链的设计和管理入手，保证车规级半导体的可靠、一致和稳定供应。

车规级MCU的运行环境比较复杂，对可靠性、稳定性、安全性、长效性有更高的要求，研发难度较大，供货周期较长，此外其认证门槛和准入难度也比较高，需花费较长的认证时间。

由上述因素决定，与消费和工业级MCU相比，车规级MCU具有更高的行业壁垒，因此几家头部企业占据了绝大多数的市场份额，包括意法半导体、恩智浦、瑞萨、英飞凌等。目前国内车规级MCU还处于追赶期，正在努力实现国产替代，较有代表性的企业包括比亚迪半导体、杰发、芯海、航顺、芯旺、国芯、芯驰、赛腾等。

（2）AFE芯片（模拟前端芯片）：电池信息采集、状态监测

模拟前端（analog front end，AFE）芯片是一种集成组件，其中包含了多个部件，包括传感器接口、模拟多路开关、模数转换器、数据缓存等。另外，有的AFE芯片包括MCU微处理芯片、DAC数模转换器，以及多种驱动电路。

电池组运行时会产生许多重要信息，信息的采集、处理和存储工作将由AFE芯片来完成，并与控制器等外部设备之间进行信息的交换，以监控电池的状态，提高电池利用率，避免过度充放电，提高电池的安全性，延长电池的使用寿命。

国外生产AFE芯片的厂商主要有亚德诺、德州仪器、意法半导体、恩智浦、瑞萨等，国内的生产厂商则主要有比亚迪半导体、圣邦、中颖、鹏申科技、赛微微电、华泰半导体、芯祥科技等。

（3）隔离电路：实现高低压模块间电气隔离

如果一件设备存在高低压即强弱电之间的信号传输，那么该设备就需要在高压模块和低压模块间实施电气隔离，且应达到安规认证的标准，这要用到隔离器件，采用的技术手段为光耦隔离和数字隔离。

在电气隔离的作用下，强电电路和弱电电路之间实现了信号的安全传输。出现故障时，电气隔离可以阻止电流从强电电路流入弱电电路，避免电路和设备受损。另外，电路之间的接地环路会为共模和浪涌等干扰信号提供传播场所，电气隔离消除了这一传播场所，使电子系统变得更加安全可靠。

国外厂商如德州仪器、英飞凌、意法半导体、东芝、安森美等，国内厂商如思佳讯、纳芯微、荣湃、思瑞浦、华大半导体、矽朋等，都可以生产车规级隔离器。

（4）ADC（模数转换器）：模拟信号向数字量的转换

汽车上的传感器，如温度传感器和压力传感器，在传递信号时使用的信号

形式是模拟信号，模拟信号不能被ECU（电子控制单元）直接识别，这时就需要ADC将其转换为以二进制形式呈现的数字信号。具体过程如下：传感器获得有关温度和压力的信息，将信息表现为电压信号这一模拟信号的形式，并借助线束和接插件将其传递给ECU，由ECU上的ADC转换为数字量，使ECU得以识别信号。

德州仪器、亚德诺、恩智浦、微芯、芯炽、山海半导体、迅芯微、芯动神州、贝岭等国内外厂商都可以生产车规级ADC。

（5）CAN总线收发器：实现CAN总线网络

控制器局域网络（controller area network，CAN）的控制系统和总线网络之间需要建立连接，控制器要借助物理接口访问总线数据，另外控制器和总线之间还要进行信号转换，将控制器的数字信号转为总线的差分或电平信号，这些工作都由CAN总线收发器来承担。另外，高压和低压之间的电气隔离也可以通过CAN总线收发器中的数字隔离芯片来实现。

CAN总线收发器芯片生产厂商包括恩智浦、英飞凌、德州仪器、意法半导体、瑞萨等国外知名半导体制造公司，以及君正、恩瑞浦、纳芯微、川土微等国内企业。

（6）电池均衡模块：提升电池续航时间和循环寿命

电池不均衡主要体现在电压上，当多节电池串联到一起时，每节电池的电压之间存在差异。电压不等的问题是由多方面的因素导致的。

① 电池的满充容量。彼此串联起来的各节电池拥有各不相同的满充容量，满充容量越小，在充电时就会越快达到更高的电压，造成电压不等。

② 电池的荷电状态。假设串联到一起的电池具有一致的满充容量，而SOC各不相同，则SOC越高的电池电压越高，这同样会造成电压不等。

③ 电池的内阻R。R的不同会造成充放电时的IR压差存在差异，在满充容量和SOC都相同的情况下，这同样会使电池的电压不等。

除了电池的内部因素以外，电池电压不等还可能由外部因素引起，例如每节电池的受热状况会有不同，受热多的电池会更快老化，内阻也会更高，内阻的不均衡也会导致各节电池电压不等。

应对电池电压不等的情况，需要电池均衡模块发挥作用，均衡电路会采用主动均衡和被动均衡两种处理方式。主动均衡是一种更为积极和精确的方式，它把电量从电量最多的电芯那里取出来，按照实际情况，或者分给电量最少的电芯，或者平均地分配给整串电池，由此实现电量的均衡，且不会造成能量浪费。相比之下，被动均衡采用的处理方式显得简单直接，借助电阻发热把电量最多的电芯中多出的电量消耗掉，这意味着要浪费一定的电量。

4.2 BMS的传感器应用

BMS使用的传感器主要有电流传感器、温湿度传感器、电压传感器和位置传感器。下面我们首先对电流传感器进行简单分析。

4.2.1 电流传感器

(1) 霍尔电流传感器

霍尔效应(Hall effect)属于磁电效应,根据此效应制作的传感器即霍尔效应传感器,它是一种磁场传感器,可以完成磁信号向电信号的转变,分为开环式和精度更高的闭环式两种。霍尔电流传感器在电路设计上做出了简化,主电路和控制电路的隔离检测非常简单,只需要接通正负极直流电源,让被测电流的母线经过传感器即可,如图4-3所示。

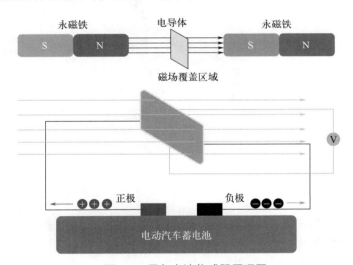

△图4-3 霍尔电流传感器原理图

传感器的输入信号和输出信号分别为原边电流和副边电流,两者之间成正比关系,相比之下,副边电流的数值较小,需转换输出为数字量。霍尔电流传感器以简单的结构综合了互感器和分流器两者的长处,但它的缺点在于抗干扰能力比较弱,如今电动车的电源环境向着精密复杂的方向发展,在这样的条件下霍尔电流传感器已没有太多优势可言。

（2）磁通门电流传感器

磁通门（flux gate）原理基于电磁学原理，在该原理中，激励电流对易饱和电芯施加作用，在激励电流的影响下，电感强度和磁通量都会发生变动，磁通量会像一扇大门一样处于开或闭的状态。以磁通门原理为基础制成的电流传感器就是磁通门电流传感器。

磁通门电流传感器是一种有着极高精度的电流传感器，在精度方面相比于普通霍尔电流传感器优势明显，后者的精度为0.5%～2%，前者的精度则达到了0.1%，甚至这一数字也不是它的极限。

从结构上划分，有开环磁通门电流传感器和闭环磁通门电流传感器，这里主要介绍闭环磁通门电流传感器。磁通门对电流施以激励作用，会产生二次谐波信号，将信号放大使补偿线圈得到驱动，聚磁磁芯与原边电流都有磁通，这时两者相互抵消，如此便形成了所谓"零磁通"的状态。于HPIT系列磁通门电流传感器而言并不存在零磁通状态，而是没有二次谐波的对称形状，如图4-4所示。

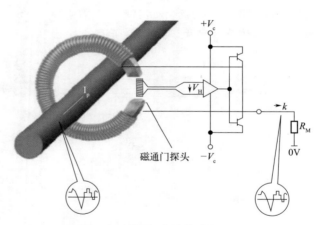

▲图4-4　磁通门电流传感器原理图

闭环磁通门电流传感器的优点体现在多个方面，这使它得到了许多电动车型的青睐：

① 闭环磁通门电流传感器有着较高的灵敏度；
② 拥有闭环磁平衡技术，严格依照匝比的对应关系进行输出；
③ 磁芯选用整体磁芯，封闭性好，没有气隙，不会出现漏磁和位置误差；
④ 采用双磁通门探头设计，对探头的振荡谐波影响起到补偿和消除的作用，使输出变得更加干净。

表4-2展示了闭环磁通门电流传感器单磁环、双磁环、双磁环（屏蔽）、多磁环（嵌套）4种结构类型，以及每种类型的特点、原理图例。

表4-2 常用闭环磁通门电流传感器

类型	特点	原理图例
单磁环	通常测直流或低频，量程有限	
双磁环	交直流均可测，AC+DC模式	
双磁环（屏蔽）	磁探针（相当于小磁环）	
多磁环（嵌套）	业界最高精度，最纯净的电流测量方式	

（3）穿隧磁阻效应电流传感器

穿隧磁阻效应（TMR）指的是在磁隧道结中，电阻随着磁绝缘体层磁化强度的变化而变化。基于穿隧磁阻效应的电流传感器就是穿隧磁阻效应电流传感器，与图4-5中所示的其他几种电流传感器相比，它的能耗和温度漂移更低，且具备更高的灵敏度，能够从温度特性和灵敏度方面为电流检测带来积极的帮助。

霍尔电流传感器　　AMR电流传感器　　GMR电流传感器　　TMR电流传感器

图4-5　各电流传感器实物图

用TMR电流传感器检测电流省去了温度补偿的环节，且当温度为-40～85℃时，温度漂移总量会明显降低，从1%～2%降到0.1%～0.2%。此外，TMR电流传感器可以极精准地检测铜排和导线电流，从而缩小芯片的体积，拥有更佳的精度、线性度、响应速度和温度漂移特性。

TMR电流传感器可以提高电动汽车的安全性和经济性，已成为电动汽车电池管理系统中优先级较高的选项。

4.2.2 温湿度传感器

（1）NTC温度传感器

NTC温度传感器的作用是监测温度,温度是影响BMS性能的重要因素。通过监测温度,对电池的工作状况实现较为明确的掌控,避免出现过度充放电的状况,增加电池的利用率和延长使用寿命。

锰等纯度较高的金属元素在氧化后形成化合物,这些化合物拥有较少的载流子数和较高的电阻,且载流子数目和电阻会在温度上升时分别增多和降低,如图4-6所示,因此它们可以用来监测温度。以这些化合物为材料,并借助陶瓷技术和半导体技术等技术手段,制作NTC温度传感器。

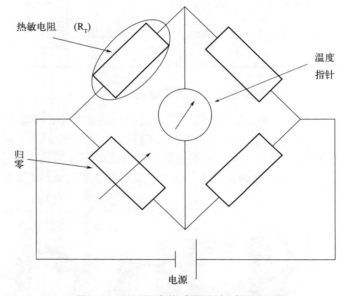

△图4-6 NTC温度传感器温度测量原理图

NTC温度传感器技术上的优点很多,包括较好的弯曲性,较高的阻值和电阻率,较小的热容,较快的响应速度,并且能够以清晰的线性关系将温度的变化表示出来。另外,它还具备价格和使用寿命上的优势。NTC温度传感器主要分为三类:地环外壳NTC温度传感器,通常被称为"地环型";环氧树脂封装NTC温度传感器,根据外形特点,称其为"水滴头"或"小黑头";还有一类是薄膜NTC温度传感器。

（2）HTW湿度传感器

在BMS中,湿度传感器是用来测量环境湿度的部件。在电动车电池管理系统中，湿度的监测难度是比较高的，但是电池的性能和寿命又在很大程度上受到湿度因素的影响，因此湿度传感器的作用非常关键。使用较多的有电阻式湿敏元件和电容式湿敏元件两类，所测湿度为相对湿度。

当水蒸气吸附于传感器基片上的感湿材料膜时，元件的电阻率和电阻值会发生变化，以电信号为标识实现对湿度的测量。传感器输出的湿度会接受温度补偿，将补偿后的线性电压输入装有ADC即模数转换器的BMS中。

在现有的湿度传感器中，从国外引进、基于HumiChip的HTW-211是性能较好的一种，它在精度和可靠性上都达到了比较高的水平。

4.2.3　电压传感器

电动汽车供电系统的电池组结构比较复杂，包含几百个相互串联的电芯，因此需要进行大量的电压测量。在串联电池组中，电压是累计的，不过电池在电动势上存在差异，因此在消除测量产生的误差时，单向补偿法是不可用的。电池对电压的采集精度提出了比较高的要求，需达到1mV，这也就意味着要在当前5mV采集精度的基础上实现较大的提升。

在完成对电池电压的测量后，电压传感器将测量结果表示为可识别的信号。例如，基于电致发光效应的电压传感器在测量时以材料的发光强度作为依据，得出电压的数值。为了增强测量的稳定性，同时简化结构、减少成本，这种传感器将不再像传统光学电压传感器一样使用载波光源。

4.2.4　位置传感器

BMS的水冷装置中装有冷却液，位置传感器负责检测冷却液液面在膨胀水壶中的位置。一般情况下，冷却液中分布有3个或以上浮漂，位置传感器就安装在这些浮漂上，这样当车辆经过较为陡峭的坡道，或是冷却系统中气泡较多时，BMS会调整和切换主水泵和副水泵的运行。

目前，国内外都在加快电动汽车领域的部署，电动汽车技术正处于高速发展期，作为电动汽车技术的一部分，更多种类的传感器技术将会在电动汽车的BMS中得到更广泛的应用。传感器技术将推动BMS体系转变，由"硬件+算法"转为"数据+主动式管理"。

目前世界范围内的许多厂家都参与到了汽车传感器的生产中，这里选择一部分进行列举。在国际品牌方面，有博世、霍尼韦尔、电装等汽车部件制造商，也有英飞凌、意法半导体、恩智浦、亚德诺、安森美等半导体制造公司，国产品牌方面则有意瑞、杰盛微、赛卓、芯森、微传科技、保隆、联合电子、柯力、琪埔维、巨磁智能、纳芯微等。

4.3 电池状态的监测与评估

4.3.1 电压监测

动力电池是电动汽车的重要组成部分，电动汽车的续航能力受动力电池的容量和能量密度的影响，安全性能受动力电池品质的影响。为了增强车辆的续航能力和安全性能，汽车行业需要对动力电池进行优化升级，提高各个单体电池的性能一致性，防止出现过充、过放等问题，并提升电池组的效率，延长电池使用寿命。

电池管理系统（BMS）连接着电机、电池组和整车系统，能够利用传感器设备实时感知动力电池的状态，获取电压、电流和温度等各项相关信息，并利用这些信息对电动汽车进行全方位管理。BMS是电池系统的核心，也是电动汽车中不可或缺的一部分。对汽车行业来说，对BMS以及相关技术的研究和应用有助于推动电动汽车进一步发展。

BMS主要用于对动力电池进行管理、维护和监控，主要包含状态监测、状态分析、能量控制、安全保护等功能模块，能够实现热管理、安全保护、电池状态估计、在线诊断与预警、充放电与均衡管理以及电池物理参数实时监测等多项功能，具有保障电池安全、确保电池正常稳定运行、提高能量利用率和延长电池的使用寿命等作用。

BMS实现各项功能的前提是具备广泛采集各项电池物理数据的能力，如电压、电流、温度等。电动汽车的动力电池由大量单体电池组成，这些单体电池以串联、并联的方式相互连接，能够存储电能，并输出电压，为电动汽车的正常运行提供支持。由此可见，动力电池的性能与各个单体电池的状态有关，为了保障电池性能，BMS需要对电池的电压进行实时监测，并根据监测到的电压数据来掌握电池的实际运行状态。

《电动汽车用电池管理系统技术条件》（GB/T 38661—2020）明确规定了电动汽车用动力蓄电池管理系统的电压检测精度相关要求，如图4-7所示。

> 5.4.3 单体(电芯组)电压
>
> 5.4.3.1 对于锂离子动力蓄电池，单体(电芯组)电压检测精度应满足±0.5%FS，且最大误差的绝对值应不大于10 mV。
>
> 5.4.3.2 对于镍氢动力蓄电池，单体(电芯组)电压或者模块电压检测精度应满足±1%FS。

图4-7 GB/T 38661—2020对电压监测的要求

BMS可以充分发挥模拟前端（AFE）芯片的作用，实现对各个单体电池的电压监测。现阶段，电动汽车的BMS中所采用的AFE芯片大多来自亚诺德（Analog Devices Inc，ADI）、意法半导体（ST Microelectronics，ST）、德州仪器（Texas Instruments，TI）、恩智浦半导体（NXP Semiconductors，NXP）等半导体公司。

具体来说，ADI开发出了LTC6811，LTC6811推荐采样电路如图4-8所示。

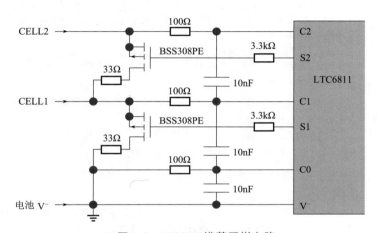

△图4-8　LTC6811推荐采样电路

一般来说，动力电池中的各个单体电池可以以串联的方式互相连接，根据图4-8可知，这些相互连接的单体电池会进一步与采样芯片相连，且RC电路中具有相互连接的100Ω的串阻和10nF的电容，能够滤除信号中的特定波段频率，帮助BMS完成电压数据采集工作。

BMS所采集的信号为模拟信号，但芯片只能对数字信号进行处理，因此系统还需充分发挥模数转换器（ADC）的作用，将模拟信号转化为数字信号，以便后续对信号进行计算、存储和显示。

4.3.2　温度监测

温度是影响电池容量、电池电压和电池使用寿命的重要因素。具体来说，在电池升温的情况下，电池内部的反应速度会变快，且过高的温度可能会打破电池内的化学平衡，导致电池使用寿命缩短。在电池降温的情况下，电池内阻会变大，电池内部的化学反应速度会变慢，因此电池的功率会随之降低，同时能量输出也会减少。

电动汽车的实际工作温度范围为−30～50℃，但锂离子电池适宜的工作温度范围为15～35℃，因此电动汽车需要利用热管理系统来调控电池温度。

在电池的温度超出35℃时进行散热降温，在电池的温度低于15℃时进行升温，确保电池的温度始终处于适宜的工作温度范围当中。

《电动汽车用电池管理系统技术条件》（GB/T 38661—2020）对电动汽车用动力蓄电池管理系统的温度监测精度提出了明确要求，如图4-9所示。

> 5.4.4　温度
>
> 5.4.4.1　对于锂离子动力蓄电池，在-20℃～65℃(包含-20℃和65℃)范围内温度检测精度应满足±2℃，在-40℃～-20℃以及65℃～125℃(或电池管理系统标定的最高测量温度)范围内，温度检测精度应满足±3℃。
>
> 5.4.4.2　对于镍氢动力蓄电池，在-20℃～65℃(包含-20℃和65℃)范围内温度检测精度应满足±3℃，在-40℃～-20℃以及65℃～125℃(或电池管理系统标定的最高测量温度)范围内，温度检测精度应满足±5℃。

∧图4-9　GB/T 38661—2020对温度监测的要求

一般来说，电池温度采样电路可以利用电子控制单元（electronic control unit，ECU）来对外置的负温度系数热敏电阻（negative temperature coefficient thermistor，NTC热敏电阻）的阻值进行检测，并进一步借助 R-T 曲线来获取电池温度数据。

NTC温度传感器的主要材料是铜和锰等金属元素的氧化物，除此之外，陶瓷和半导体也是NTC温度传感器的重要组成内容。

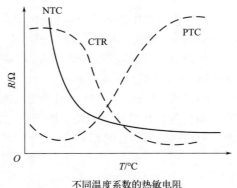

不同温度系数的热敏电阻

∧图4-10　不同温度系数的热敏电阻 R-T 曲线

不同温度系数的热敏电阻 R-T 曲线如图4-10所示，根据图中的曲线可知，在低温情况下，复合材料载流子较少，电阻值较大，同时阻值变化也大；随着温度逐渐上升，载流子的数量越来越多，电阻也开始下降，但阻值变化较小。为了提高阻值测量的准确性，汽车行业的相关工作人员需要将三极管应用到工作电路当中，减小测量误差。

具体来说，工作电路的温度采样原理图如图4-11所示。

第 4 章 电池管理系统 BMS

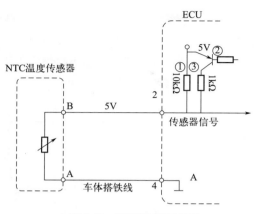

△图4-11 温度采样原理图

从工作原理上来看，当温度较低时，传感器的电阻值较大，工作电路中只有10kΩ的电阻①处于接通状态，三极管处于截止状态，传感器的电阻值约为10kΩ，能够确保阻值测量的精准性；当温度较高时，传感器的电阻值较小，三极管处于导通状态，工作电路需要先通过1kΩ的电阻③串联三极管，再与10kΩ的电阻①并联，最后与传感器相连，将阻值调整到1kΩ左右，进而实现对阻值的精准测量。

4.3.3 电流监测

在电动汽车当中，动力电池的总电流也是一项可以影响BMS工作情况的重要参数，为了保证动力电池正常工作，BMS需要进一步加强对电池总电流的监测。从数量上来看，BMS只需对动力电池系统的总电流进行监测；从频率上来看，为了充分满足SOC评估要求，BMS需要以极高的频率对电流进行采样。

《电动汽车用电池管理系统技术条件》（GB/T 38661—2020）对电动汽车用动力蓄电池管理系统的电流监测精度提出了明确要求，如图4-12所示。

> 5.4.2 总电流
> 5.4.2.1 对于锂离子动力蓄电池，总电流检测精度应满足±2%FS。
> 5.4.2.2 对于镍氢动力蓄电池，总电流检测精度应满足±3%FS。

△图4-12 GB/T 38661—2020对电流监测的要求

就目前来看，BMS系统大多使用分流器或电流传感器来进行电流检测。其中，分流器方案指的是利用分流器来测量电流，这种方案需要掌握电压和电流之间的关系；而传感器方案指的是使用霍尔传感器和磁通门传感器来测量电流。

（1）分流器方案

从原理上来看，在分流器方案中，BMS需要先测量出动力电池工作回路中串联的分流电阻两端的压降，再使用欧姆定律和测量结果计算出回路电流。具体来说，分流器测电流原理图如图4-13所示。

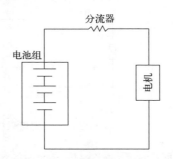

图4-13　分流器测电流原理图

一般来说，工作回路中所串联的分流电阻具有阻值小的特点，当前应用较多的分流电阻的阻值通常为0.1mΩ或0.15mΩ，电动汽车的工作电流通常为500A，压降测量结果大多低于50mV，因此分流器方案适用于放大电路的电流监测。

（2）传感器方案

传感器方案是一种间接式测量方案，从原理上来看，使用霍尔传感器的传感器方案的基本原理为霍尔效应原理，而使用磁通门传感器的传感器方案则涉及磁感应原理。

① 霍尔传感器方案。霍尔传感器即霍尔电流传感器，若原边线路处于通电状态，那么线路中的电流会在磁芯上产生磁通量，在洛伦兹力的作用下，霍尔元件的载流子将会偏离原本的运动轨迹，材料两端将会逐渐累积大量电荷，并产生一个与电流方向相垂直的电场。

对BMS来说，可以在原边线路通电时借助霍尔元件获得毫伏级的感应电压，并利用电子电路将其转化为副边电流，再进一步对副边电流进行计算，从而得出原边电流的数值，实现对电流的测算。

② 磁通门传感器方案。磁通门传感器即磁通门电流传感器，可以将高导磁铁芯置于被测磁场中，并充分发挥交变磁场的作用，对高导磁铁芯进行饱和激励，以便进一步明确磁感应强度和磁场强度之间的非线性关系，并根据二者之间的关系实现对电流的测量。

当磁通门电流传感器处于运行状态时，可以使用芯片对外发送固定的高频率交流方波，确保磁芯可保持往复饱和状态，若被测电流为0，那么检测线圈只会输出正负上下对称的奇次谐波，磁场可能与激励信号相叠加，加快磁芯饱和速度，也可能与激励信号互相冲抵，延后磁芯饱和时间，同时，副边感应电流将会出现偏置现象，此时波形的振幅差和被测电流之间存在一定的比例关系，BMS 可以根据振幅差进一步计算出被测电流。

这两种电流检测方案各具优势，同时也都存在不足。

在分流器方案中，分流器具有温度漂移小、精度高、成本低、输出频率高等诸多优势，但也存在一定的热损耗。为了减小发热对电流测量的影响，汽车行业的相关工作人员还需进一步优化散热设计。近年来，电动汽车的续航里程和电池容量日渐升高，动力电池的电流上限也越来越高，导致电池的热损耗进一步升高。除此之外，分流器通常以串联的方式接入主电路，为了确保电池的安全性，汽车行业的相关工作人员还要在低压供电和控制器局域网总线（controller area network，CAN）信号传输电路中装配隔离器件，这不仅增加了车辆生产的复杂度，也加大了成本支出。

在传感器方案中，霍尔电流传感器具有响应速度快、电路复杂度低和成本低等诸多优势，但测量精度相对较低，尤其是在对小电流进行测量时误差较大。磁通门电流传感器具有额定电流大、发热较少、测量精度高和受温度影响小等诸多优势，且具有电流保护和剩余电量计算功能，目前已被应用到多种车型当中。但磁通门电流传感器也存在易受磁场干扰的不足之处。

以上三种电流测量方案的特点如表4-3所示。

表4-3　三种电流测量方案比较

项目	分流器	霍尔电流传感器	磁通门电流传感器
测量方式	直接式	间接式	间接式
精度	高	中	高
电磁干扰	无	无	有
主电路功耗	高	无	无
温度影响	高	中	低
成本	低	低	中
主要优势	精度高、价格低	价格低	精度高、输出频率高
不足	发热功率高、需解决隔离问题	相比另外两种方式精度较低	需考虑电磁干扰

4.4 动力电池SOC估计算法

4.4.1 安时积分法

SOC是电池当前电量与电池最大可用容量的比值，具体计算公式如下：

$$S_{OCk} = \frac{Q_{\text{remaining},k}}{Q_{\max}} \times 100\%$$

式中，$Q_{\text{remaining},k}$为电池当前电量；$Q_{\max}$为电池最大可用容量。

电池SOC估计算法主要包括直接法和间接法两种，如图4-14所示。

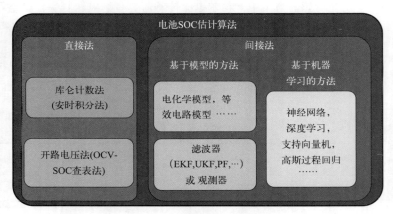

△图4-14 电池SOC估计算法

下面我们首先对安时积分法进行简单分析。安时积分法是根据电池在充放电过程中流过的电量的总值来对SOC进行估算，具体计算公式如下：

$$S_{OCk} = S_{OC0} - \int_{t_0}^{t_k} \eta I_{k-1} \, \mathrm{d}t / Q_{\max}$$

式中，t_0表示初始时刻；t_k的计算公式为$t_k = t_0 + k\,t$，其中，t指的是采样间隔；S_{OCk}表示t_k时刻的SOC值，S_{OC0}表示t_0时刻的SOC值；I_{k-1}表示$k-1$时刻的电流。

以容量为100Ah的电池组为例，当该电池组处于放电状态时，若放电的电流为100A，那么放电时间为1h，电池的SOC将降至0；若放电的电流为50A，放电时间仍旧为1h，那么电池的SOC只会降低到50%，若该电池继续以50A的电流放电半小时，那么电池的SOC则会进一步下降到25%。由此可见，电动汽车的 BMS 可以根据能量守恒的原理估算出动力电池的 SOC，且 SOC 值估算的准确性会受到电流的采样精度和采样时间的影响。当电流的采样精度较高、采样时间较短时，BMS 估算出的 SOC 值也会更为准确，反之，SOC 值估算的准确性则会降低。

根据 SOC 的计算公式可知，SOC 值估算出现误差的原因主要有以下两点：

① 电池的启停具有较强的随机性，BMS 无法掌握电池启停状态，且电池的最大可用容量也会受到环境变化和电池老化等因素的影响，因此 BMS 系统难以确保 SOC 初始值的精准性。

② 当电池处于运行状态时，电流并非完全恒定，电流采样误差在积分计算过程中越积越多，最终导致 SOC 值估算误差不断变大。为了提高 SOC 估算的准确性，BMS 还需采取相应的校正措施来减小误差。

4.4.2 开路电压法

开路电压是一项实测值，指的是两极之间稳定的电位差。开路电压法指的是测量被测对象正负端断开的电压，并在 SOC-OCV 关系表中找出与电压测量结果相对应的 SOC。SOC-OCV 关系表如图 4-15 所示。

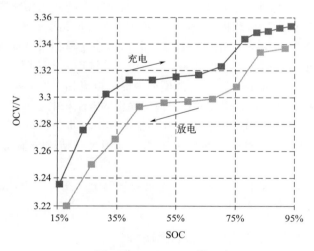

▲图 4-15　SOC-OCV 关系表

在实际应用过程中，开路电压法可能会受到以下几项因素的限制：

① 各类电池均具有与其相对应的 SOC-OCV 关系表，且这些 SOC-OCV 关系表各不相同，无法通用；

② 测量精度受电池状态影响，为了提高 SOC 值的准确性，在测量电池的 SOC 之前，必须长期静置电池，确保电池处于平衡状态；

③ 部分SOC-OCV关系表的中部曲线十分平缓，在根据OCV来寻找与之对应的SOC值时容易放大SOC误差；

④ SOC-OCV关系表中的曲线会受到电池老化、工作环境变化等因素的影响。

就目前来看，大多数电动汽车综合采用安时积分法和开路电压法进行SOC值测算，并运用各种校正措施来提高SOC测算的精准度，如滤波、模型、温度等。

4.4.3 基于模型方法

基于模型的方法就是充分发挥数学模型的作用，估算出动力电池的荷电状态。从原理上来看，系统在使用基于模型的方法来对SOC进行估算时，需要先构建动态电路模型，再获取电池的电流和电压等数据信息，并利用这些数据进行模型仿真和参数优化，最后实现对电池SOC的估算。不仅如此，基于模型的方法还会受到电池的物理特性和电化学反应过程的影响。

（1）基于模型方法的实现过程

① 构建电池模型：根据电池的电化学特性和参数等信息来构建用于估算电池SOC的电路模型，如电阻模型、等效电路模型等。

② 获取电流和电压数据：利用传感器等感知设备获取电池的电流和电压等相关数据信息，并对这些数据进行滤波和放大处理。

③ 模型仿真：向电池模型中输入电流和电压数据，以仿真计算的方式对这些数据进行处理，并获得模型输出的电流和电压。

④ 参数优化：将模型输出值与实际测量值进行对比，并充分发挥优化算法的作用，对模型参数进行调整，提高模型输出值与实际测量值之间的一致性。

⑤ SOC估算：在参数优化的基础上，充分利用电池的电流和电压数据，估算出电池的SOC值。

（2）基于模型方法的优缺点

基于模型的SOC估算方法的优缺点如表4-4所示。

表4-4 基于模型方法的优缺点

优缺点	具体体现
优点	① 准确性高：在估算电池的SOC时，基于模型的方法以电池的物理特性和电化学反应过程为依据，具有较高的准确性；

续表

优缺点	具体体现
优点	② 可靠性强：在估算电池的SOC时，基于模型的方法可实现动态化估算，能够在各类电池、各种工况下发挥作用； ③ 可扩展性强：在估算电池SOC时，基于模型的方法能够针对实际需求进一步扩展和优化电池模型，提高电池SOC估算的精准性，扩大电池SOC估算的适用范围
缺点	① 复杂度高：在对电池SOC进行估算的过程中，基于模型的方法需要依次完成模型构建、参数优化等多项工作，具有较高的复杂度； ② 精度限制大：在对电池SOC进行估算的过程中，构建模型和参数优化均有可能会对估算精度造成影响，导致基于模型的方法难以精准把握电池的非线性特性和衰减效应，进而出现估算误差

一般来说，汽车行业的工作人员在构建电池数学模型时应从电池和电路的类型出发，大多数模型具有一定的独特性，只能在相应的电池和电路中发挥作用，因此基于模型的方法数据计算量较大。现阶段，基于模型的方法是汽车行业研究的重点，也是BMS中计算SOC功能发展的重要方向。

4.4.4 机器学习方法

机器学习方法融合了神经网络等多种机器学习算法，能够对电压、电流、表面温度等信号与SOC之间的关系进行拟合，并在此基础上根据测量信号进一步估算出被测电池的SOC值。

机器学习技术具有十分强大的数据处理能力和预测性能，能够在SOC估算模型的优化升级方面发挥重要作用。基于机器学习的电池SOC估算方法可以采集大量历史数据，并利用这些数据进行模型训练，提高模型的电池SOC估算精准度。具体来说，当车辆借助神经网络来估算电池SOC时，SOC估算模型需要先采集大量数据信息，再利用这些数据进行机器学习和拟合，最后实现对电池SOC的准确估计。

基于神经网络的方法融合了统计学和机器学习领域的知识和技术，可以对神经网络模型进行训练，并在此基础上明确电池SOC与各项输入数据之间的非线性映射关系。

从流程上来看，在对电池SOC进行估算时，基于神经网络的方法需要采集历史数据，如电流、电压和已知SOC等数据，利用这些数据建立数据集，并将其分为训练集和测试集两类。

具体来说，基于神经网络的方法主要包含以下几步：
① 构建神经网络模型，对输入层、隐藏层和输出层的结构进行定义。

② 充分发挥训练集的作用，对神经网络模型进行训练，对权重和偏置参数进行调节，绘制SOC和输入数据拟合曲线，明确二者之间的关系。

③ 充分发挥测试集的作用，验证并评估经过模型训练的神经网络模型，把握该模型对位置数据的估算精度。

基于神经网络的方法依赖于非线性映射关系和训练数据，若训练数据的数量较大且质量较高，或模型的非线性映射关系较为精准，那么电池SOC估算的准确性也会比较高。由此可见，为了确保估算的准确性，基于神经网络的方法需要采集大量训练数据，并利用这些数据对神经网络模型进行训练。

基于统计学方法的电池SOC估算方法主要涉及两种方法：一种是容量补偿法；另一种是基于神经网络的方法。这两种方法都需要采集电池的历史数据并构建数据模型，但也各有优势和不足，能够在不同的应用场景中发挥作用。对汽车行业来说，可以从车辆的实际需求和数据条件入手，选择合适的电池SOC估算方法，并综合运用多种相关技术和方法，对当前的SOC估算方法进行优化升级。

4.5 动力电池均衡控制管理

4.5.1 单体电池连接方式

动力电池是新能源汽车的核心部件，主要负责为新能源汽车供能，通常由包含多个单体电池的电池组构成，各个单体电池之间以串联、并联的方式互相连接，能够实现充放电的功能。

一般来说，组成动力电池的各个单体电池在性能上存在一定的差异，而单体电池的性能又会对动力电池的整体性能造成直接影响。为了确保动力电池的整体输出性能，新能源汽车需要充分发挥电池管理系统的作用，及时对各个单体电池的性能进行调整，实现对各个单体电池的均衡管理。由于不同的生产厂家可能采用不同的设计思路和制造工艺，因此不同车型可能装配不同的BMS，在动力电池的均衡管理方面也存在一定的差异。

一般来说，各类车型中的动力电池包可以采用不同的组装形式，但单体电池只能采用串联和并联的方式来连接。其中，串联有助于提高动力电池的输出电压，但同时也会导致动力电池内阻变大，能量传输过程中的内部消耗变多；并联能够降低动力电池内阻，减少能量传输时产生的内部消耗，但同时也存在无法提高动力电池输出电压的不足之处。对汽车行业来说，应以合理的串联和并联方式来连接各个单体电池，这既能提高整个动力电池的能量存储水平，也能提高车辆的续航能力。

动力电池中的单体电池连接方式主要包括三种，分别为先并联再串联、先串联再并联、串并联组合。具体来说，单体电池的连接方式如图4-16所示。

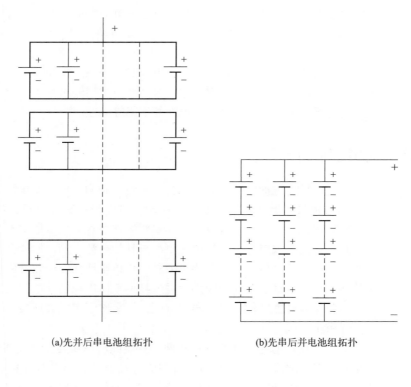

(a)先并后串电池组拓扑　　　　(b)先串后并电池组拓扑

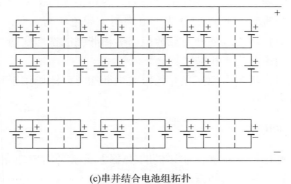

(c)串并结合电池组拓扑

图4-16　单体电池的连接方式

这三种连接方式在技术参数和整体能量方面并没有较大差别，但先串联再并联的连接方式对单体电池性能的一致性方面有较为明显的影响。

在由互相串联的多个单体电池所组成的动力电池中，任何一个单体电池性能下降都会引起整个电池组出现性能下降的问题，任何一个单体电池出现损坏等问题都会对整个电池组造成影响。

在采用先并联再串联的单体电池连接方式的动力电池当中，任何一个单体电池出现性能下降或损坏等问题都会对这一电池组造成影响，且电池组的内阻会增大，但并不会中断电流传输，也不会对动力电池的整体性能造成较大影响。

综上所述，汽车行业在生产动力电池时大多采用先并联再串联的单体电池连接方式，以便在减小电池内阻的同时维持原本的输出电压，防止出现内部消耗能量过多、输出电压过低、电池性能下降等问题。

4.5.2 均衡控制工作原理

独立的单体电池能够有效规避其他电池的影响，具有稳定性强、使用寿命长等诸多优势，但在输出功率和续航能力方面无法充分满足新能源汽车的需求。对新能源汽车来说，应以串联和并联的方式将大量单体电池连接成电池模组，并进一步组成电池包。但单体电池与其他电池相连，性能会受到其他电池的影响，同时整个电池包的性能也会受到单体电池性能一致性的影响，任何一个单体电池出现性能下降问题都会导致其他单体电池的性能随之下降，进而造成电池包整体性能降低，使用寿命缩短，严重时还可能会造成电池包损坏等问题，导致电池包无法正常使用。

为了确保动力电池性能的稳定性，新能源汽车需要充分发挥BMS的作用，对电池进行均衡管理。电池均衡管理的分类方式具有多样化的特点。具体来说，电池均衡管理既可以根据分布位置划分为集中式均衡和分布式均衡两种类型，也可以根据充放电过程划分成充电均衡、放电均衡、双向均衡三种类型，还可以根据能量管理方式划分为耗散型均衡和非耗散型均衡两类，或根据管理主从方式划分为主动均衡和被动均衡。

就目前来看，耗散型均衡和非耗散型均衡均已广泛应用于新能源汽车的动力电池充电过程当中。

（1）耗散型均衡

耗散型均衡即被动均衡，能够借助BMS系统实现对电池充电状态的监控，及时发现充电速率快于其他电池的单体电池或电池组，并利用电阻放出该电池或电池组中的部分电能，避免这些电池影响到其他电池的性能，确保整个动力电池在电量和充电速率等方面的一致性，防止出现过充等问题。具体来说，耗散型均衡系统电路示意图如图4-17所示。

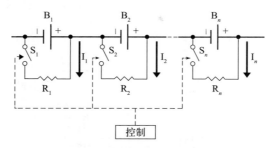

↑图4-17　耗散型均衡系统电路示意图

被动均衡具有电路结构复杂度低、成本低、控制策略简单有效等诸多优势，能够利用开关连接起各个电池单元和负载电阻，并在电池处于充电状态时限制最强电池单元的电压升高，防止该电池单元影响其他电池单元的性能。但同时被动均衡也存在只能在电池充电过程中发挥作用的不足之处，且充电过程中会消耗大量能量，难以进一步提高均衡电流，均衡电流只能达到30～100mA，也无法充分发挥均衡效果。

（2）非耗散型均衡

与耗散型均衡相比，非耗散型均衡具有合理性更高的控制方式。具体来说，新能源汽车可以充分发挥非耗散型均衡的作用，利用控制单元来对单体电池或电池组进行监控，以便及时发现充电速率高于其他电池的单体电池和电池组，并利用配套管理电路中的电感或电容电路来存储这些电池中多余的电能，将这些电能转移到充电速率最慢的单体电池和电池组当中，进而达到平衡动力电池各部分电量的目的，确保各个单体电池和电池组在电能方面的一致性。

非耗散型均衡即主动均衡，能够通过转移电池单元电能的方式实现对电池总成的均衡控制，平均各项电池参数，强化电池的电容量存储性能，并防止出现因电池充电过快而造成的各类问题，同时也能在最大限度上避免产生热量，减少能量浪费。但同时主动均衡也存在控制线路复杂度高、电池充电时间长、生产制造成本高等不足之处。具体来说，非耗散型均衡系统电路示意图如图4-18所示。

主动均衡主要包含两种动力电池均衡管理方法：一种是直流母线转移法，这种方法可以充分发挥隔离型直流转直流（direct current，DC/DC）模块的作用，通过使用直流母线进行电能交换的方式来均衡各个电池、电池组中的电能，但使用这种方法可能会加大电池电压和电池组电压差距，同时也增加了电能转移电路设计的困难程度；另一种方法是逐级转移法，这种方法需要利用电能平衡

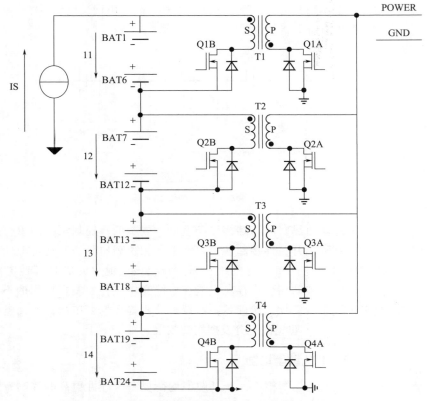

△图4-18 非耗散型均衡系统电路示意图

电路逐级对电能进行转移,且能够有效防止总电压影响相邻电池单元之间的电能转移,但在大量电池以串联的方式相连的情况下,使用这种方法进行动力电池均衡管理则需多次转换电能,进而导致能量损耗严重,均衡效率也大幅降低。

各类动力电池均衡管理技术的应用有效提高了电池的一致性。一般来说,在混合动力汽车当中,动力电池并不作为主要驱动设备来发挥作用,混合动力汽车通常也不会随车装配大量动力电池,大多需要利用BMS来对车辆中的各个单体电池和电池组进行集中管理,以便均衡动力电池各部分的电能。

对汽车行业来说,将单体电池电压采集线作为均衡线路能够节约材料,减少成本支出,因此大部分新能源汽车需要使用兼具电压采集和电能均衡两项功能的管理系统。

对纯电动汽车来说,集中式均衡管理存在控制网络复杂度过高、线路连接过密等问题,难以确保系统工作的可靠性,因此大部分纯电动汽车选择采用分布式均衡管理的方式来对自身的动力电池进行均衡管理。分布式均衡管理指的是动力电池中的每个电池模组都配有一个监控单元,并利用监控单元来对相应的电池模组进行均衡管理控制，同时借助网络系统将来源于监控单元的各项均衡参数传输到BMS当中，确保各个电池模组之间的均衡性。由此可见，纯电动汽车的动力电池均衡管理系统是一个树状的分级管理系统架构，主要由BMS和监控单元构成，其中BMS主要用于均衡管理电池模组监控单元，监控单元主要用于均衡控制自身的电池和电池模组。

从工作原理上来看，放电均衡和双向均衡与充电均衡之间并无太大差别。就目前来看，许多新能源车企都已经认识到了动力均衡性的重要性，并在动力电池均衡管理控制的研究和应用方面投入大量资源，不断加大对各项相关技术的研究力度。

对汽车维修行业的从业人员来说，既要进一步学习和理解电池均衡的工作原理，也要在工作过程中对比分析各个单体电池电压差等相关数据，并在此基础上对单体电池的性能进行评估，对动力电池均衡系统的工作情况进行判断，以便强化自身专业技能，提高维修的有效性。

4.5.3 均衡控制案例分析

（1）故障案例引入

若处于正常行驶状态下的纯电动汽车突然亮起系统故障指示灯，那么故障系统则会向车辆驾驶员发出提示信息，如充电提示、动力系统检查提示、动力系统均衡性超值提示等，同时也会对电池的剩余电量进行检查，若检查结果显示整车SOC值不足10%，那么汽车维修人员则需从车辆驾驶员处获取车辆的相关信息，若该车在行驶前的电量为满格，且行驶里程远低于单次充满电后的最大行驶里程，那么汽车维修人员就可以根据这些信息和故障系统的提示找出车辆的故障所在。一般来说，出现这种情况的主要原因大多为车辆的单体电池或电池模组的一致性不足，或电池均衡管理控制系统存在故障问题。

（2）电池性能不一致性原因分析

除材料和制造工艺外，单体电池的性能还受上限电压、下限电压、环境温度、充放电次数、充放电倍率等多项因素影响，如电池的充放电倍率既能影响到驱动电机、电机控制器、电动空调等高压用电设备的控制情况，也与电动汽车的充电方式之间存在着十分密切的关联。

具体来说，电池性能不一致性主要包括两种类型：一种是第一类不一致性；另一种是第二类不一致性。

第一类不一致性指的是受单体电池的容量影响造成的不一致性，这类电池不一致性大多与生产制造工艺有关，一般来说，即便是同一批次的电池，也难以做到完全一致，因此这些电池的容量通常具有一定的离散性。

第一类不一致性示意图如图4-19所示，#1、#2和#3为三块以串联的方式相连接的电池，实际容量分别为95Ah、100Ah、105Ah，这三块电池存在第一类不一致性，电池之间的容量差异是最高容量与最低容量之间的差值，也就是10Ah。如果这三块单体电池的初始容量都是60Ah，那么仅受第一类不一致性一项因素影响而出现的SOC差异通常为5%～9%。

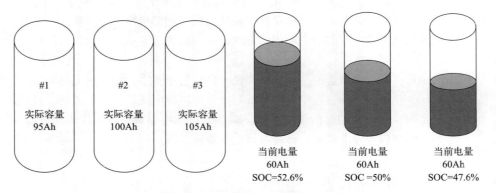

△图4-19 第一类不一致性示意图

第一类不一致性的影响示意图如图4-20所示，当动力电池处于充电状态时，实际容量为95Ah的电池会率先达到截止电压并结束充电；当动力电池处于放电状态时，这三块电池达到截止电压所用的时间几乎相同，结束充电的时间也基本一致。该电池组的充放电容量与这三块电池的容量相关，由于这三块电池中容量最小的电池的容量仅有95Ah，因此整个电池组中所有电池的实际容量都被限制在95Ah。

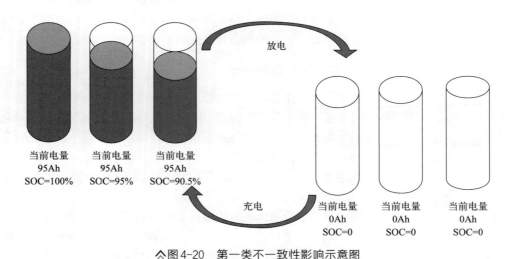

△图4-20 第一类不一致性影响示意图

第二类不一致性指的是受单体电池初始电量影响造成的不一致性，这类电池不一致性大多与电池的内阻、自放电率等因素有关，具有逐步产生、逐渐增强的特点。

第二类不一致性示意图如图4-21所示，#1、#2和#3为三块以串联的方式相连接的电池，且这三块电池的实际容量均为100Ah，当#1、#2和#3这三块电池的初始电量分别为55Ah、60Ah和65Ah时，三者之间的SOC将会相差10%，最高电量与最低电量之间相差10Ah，此时会出现第二类不一致性。

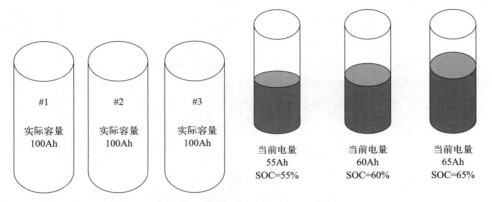

△图4-21　第二类不一致性示意图

第二类不一致性影响示意图如图4-22所示，当动力电池处于充电状态时，初始电量为10Ah的#3会率先达到截止电压并停止充电；当动力电池处于放电状态时，结束充电时的电量为90Ah的#1会率先达到截止电压并停止放电。一般来说，该电池组中的每块电池的实际容量都是100Ah，但受电池组中充放电

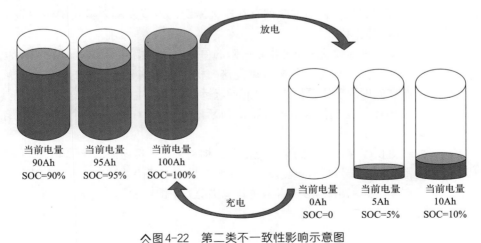

△图4-22　第二类不一致性影响示意图

能力最弱的#1电池的限制,该电池组中的这3块电池的实际充放电能力只能达到90Ah。

在处于放电状态下的动力电池当中,若一部分单体电池已经完全放电,另外一部分未完全放电的电池仍在继续放电,那么这些已完全放电的电池则会出现过放电问题,同时也会出现故障,进而导致整个动力电池的使用寿命大幅缩短甚至直接报废。

BMS具有保护电池总成的作用,能够在部分单体电池的电量耗尽时及时停止电量输出,防止动力电池出现过放电问题。

当动力电池的充放电速率过快时,即便各个单体电池的性能均不存在任何问题,也可能会受充电速率影响而产生各种故障。

处于充电状态下的动力电池,若一部分单体电池的电量已经充满,另一部分未充满的电池仍在继续充电,那么这些已经充满电的电池则会出现过充问题,进而导致电池产热过多,温度迅速上升,甚至可能会出现电池爆炸等安全事故。

(3)故障诊断与排除

为了确保动力电池在充放电过程中的安全性,汽车行业的相关工作人员需要加强对相关经验的积累和应用,并监测、对比和分析动力电池在充放电过程中的各项相关数据。从实际操作上来看,当动力电池放电时,相关工作人员需要监测组成该动力电池的各个单体电池的参数,如电压、电压差、温度等;当动力电池结束充电时,相关工作人员需要计算该动力电池中的单体电池的电压差,并据此来对均衡管理控制系统的性能进行评估。

除此之外,相关工作人员还需掌握动力电池的故障数据流,并找出导致动力电池出现故障的单体电池。一般来说,存在问题的单体电池在SOC和单体电压方面与其他单体电池之间存在较大差距,差值通常会超过BMS设置的压差三级故障范围。

为了找出导致动力电池出现故障的单体电池,相关工作人员需要先为电池充满电,再完全放电,并多次重复这一操作,达到分容处理的目的。一般来说,存在问题的单体电池的充电时间远远短于其他电池,放电速度也远超其他电池,因此相关工作人员可以精准判断出整个动力电池中哪个单体电池存在问题。

在更换掉存在问题的单体电池后,相关工作人员还需对单体电池与整个动力电池之间的一致性进行测试,并在装车后重复清除故障码和读取故障码的操作,以便达到利用BMS排查清楚并解决动力电池中的故障问题的目的。

第 5 章

动力电池安全管理技术

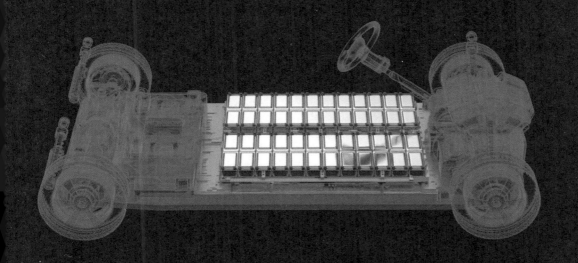

5.1 热失控特征及其机理分析

5.1.1 动力电池热失控的特征分析

近年来，我国的新能源汽车行业正在逐步实现产业化、市场化、规模化，新能源汽车保有量不断增长，但同时由新能源汽车引起的火灾事故也越来越多，对人们的生命财产安全造成了威胁。

导致新能源汽车起火的因素有很多，其中电池热失控（thermal runaway）是主要原因。具体来说，当新能源汽车的电池出现过充、挤压、碰撞、涉水等问题时，电池都可能会出现热失控。

当新能源汽车电池起火时，锂离子电池的燃烧火焰的温度并不高。当火被扑灭时，电池温度的下降速度较慢，难以迅速降至安全水平，同时也会释放出大量有毒气体。当起火电池被放入水中时，电池温度的下降速度也不够快，同时还可能会出现复燃问题，且火势会迅速蔓延。

充电站/桩起火是引发新能源汽车起火的主要因素，具体来说，充电站/桩起火主要涉及直接起火、电池过充、充电设备故障等原因。就目前来看，新能源汽车充电所造成的火灾事故越来越多，政府相关部门已经加大了对这一问题的重视程度，并着手制订相应的充电设备监管方案和充电方式标准规范，同时也要加强对新能源汽车充电过程中的特征参数检测，并对充电车辆进行科学、合理、有效的安全评估。

新能源汽车停止时起火的问题也较为严重。具体来说，当处于停止状态的新能源汽车出现电池内短路时，电池的温度会逐渐升高。当新能源汽车结束充电并驶离充电站/桩或停止运行时，电池内短路问题将会加重，同时电池的温度也会迅速升高，此时电池温度可能会达到或超过热失控阈值，进而出现热失控问题，造成车辆起火。

由此可见，相关部门需要进一步加强对新能源汽车电池的监管和防护，防止处于停止断电状态下的新能源汽车出现起火或爆炸问题。就目前来看，国家数据平台和地方数据平台中关于新能源汽车停止断电状态起火的数据信息较少，且相关部门难以有效采集新能源汽车停止起火前后的各项相关数据信息，因此相关工作人员难以准确判断车辆起火原因。除此之外，新能源汽车电池的碰撞、涉水和线路老化等问题也可能会引起电池热失控，导致车辆起火。

新能源汽车热失控指的是由电池内部温度迅速上升引起电池放热连锁反应，导致动力电池出现自燃、爆炸等安全事故。具体来说，新能源汽车热失控的特征主要体现在以下几个方面,如图5-1所示。

△图5-1 新能源汽车热失控的特征

(1)放热反应

当动力电池出现过充问题时,电池中输入的能量过多,车辆可能会迅速释放出电池中所有的能量,造成严重的热失控问题。一般来说,过充热失控时电池会发生欧姆反应和副反应,并产生大量热量,导致电池温度迅速上升,出现大量放热现象。

(2)释放气体

当锂离子电池处于充电状态时,电池正极会出现锂离子脱嵌现象,若锂离子电池继续充电直至过充,那么电池正极的活性物质的反应活性将会进一步升高,电池中的正极结构将会发生变化,电解液也会发生分解反应,反应的过程中会产生大量热量并释放出高温高压气体。

(3)不确定性

相关研究表明,动力电池热失控特征具有较强的不确定性,即便所有条件都相同,动力电池热失控也可能会出现不同的特征和结果。具体来说,当电池和试验条件均相同时,部分试验中的动力电池可能不会出现热失控,而发生热失控的动力电池也可能只是变形膨胀或冒烟。

受电池的种类、结构、健康程度、充电策略等因素的影响,动力电池热失控测试的不确定性进一步升高,导致汽车行业的相关工作人员在研究热失控现象时的难度也进一步增加。不仅如此,爆炸、起火等电池热失控现象的复现难度较高,因此相关研究人员也难以针对电池热失控问题设立统一的测试标准。

为了防止出现电池过充热失控现象,确保动力电池的安全性,汽车行业的相关工作人员还需继续深入了解动力电池过充机制,并在此基础上建立统一的过充测试体系，制定相应的防护策略，同时也要加强对新能源汽车的监控，防止出现过充问题。

5.1.2 动力电池内部短路机理分析

为了防止车载动力电池出现内短路问题，用户在使用新能源汽车时需要防止电池过充过放、避免雨水浸泡电池、控制电池充放电电流、控制电池运行环境温度。

从原理上来看，当电池内部隔膜受损时，正极会接触到负极，进而产生电位差，导致电池持续放电并在放电过程中释放出大量热量，造成电池内部短路。内部短路是引起电池自燃问题的主要原因，且具有较强的隐蔽性和潜伏性，难以实现对电池自燃风险的有效预测和检测。

具体来说，电池内部短路主要是由机械滥用、热滥用、电滥用和机械制造等问题引发的，如图5-2所示。

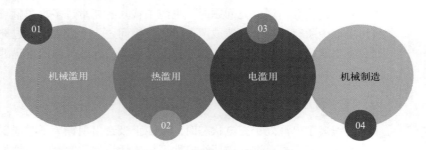

△图5-2 动力电池内部短路机理分析

（1）机械滥用

机械滥用是一种常见于交通事故当中的电池内短路触发因素，主要涉及电池的碰撞、挤压、针刺和流入杂质等问题，这些问题大多在外力的作用下出现，通常会造成电解液泄漏或隔膜破裂，导致电池的正负极互相接触，从而出现电池内短路问题。

（2）热滥用

热滥用指的是电池隔膜因高热出现大规模热收缩直至崩溃，导致电池的正极和负极互相接触，进而形成电池内短路。导致电池隔膜热收缩的原因是电池过热，电池过热主要是因为新能源汽车中存在电气滥用、机械滥用、连接器的连接点失效、预紧力不足等问题，导致电池或电池组的电阻过大，电池产热过多，能量损失严重。

（3）电滥用

电滥用是一种由电池过充或过放引起的电池内短路问题。具体来说，当新能源汽车的电池存在过充或过放问题时，电池内部将会出现可以持续生长的金属枝晶，这些金属枝晶会穿过电池的隔膜空隙，连接起电池的正极和负极，进而导致新能源汽车出现电池内短路问题。

（4）机械制造

机械制造方面的问题主要指电池生产环节的叠片、金属杂质、分切毛刺、卷绕错位、电解质溶解浸润不均等问题。比如，在动力电池制造过程中，如果生产设备存在故障或生产工艺不当，均有可能导致极片穿孔，使电解液发生泄漏，从而导致短路。

5.1.3 动力电池外部短路机理分析

电池外短路的触发因素主要包括意外漏水、电池受外力作用变形、电池包进油、汽车振动造成的连接板连接线松动等。从原理上来看，当电池的正负极两端与小电阻并联时，电池将会迅速以极大的电流进行放电，同时电池温度飙升，出现电池端子熔断等问题，造成热失控，导致新能源汽车出现电池外部短路。

动力电池的外部短路通常由以下两种情形导致：其一，车辆碰撞后电池出现变形、浸水或污染等情况；其二，动力电池在维护期间遭遇电击。

当动力电池发生外部短路，电池中会瞬间产生超大电流，造成电池内部以及外部连接处的温度急速升高，此时如果相应的防护器件未及时切断电路或将热量散出，电池内部升温便会造成电解液汽化，使得电池鼓包变形，并极易发生爆裂、漏液甚至自燃等情况，而这不仅会影响动力电池的正常使用，更可能危及用户的生命财产安全。因此，动力电池的外部短路具有较高的危险性，易引发严重后果。

动力电池外部短路的触发机制虽然并不复杂，但具有较大的不确定性。当动力电池发生外部短路时，为避免负面影响进一步扩大，应该及时散去多余的热量或切断短路电流。为避免外部短路，相关厂商在进行电池包设计时通常会采取多种安全措施，比如，在电池中配备故障判别系统，实时对电池的工作状态进行监测，当监测到异常时立即采取应对措施；提升动力电池热管理系统的性能，使得电池产生的热量能够及时散去。

为尽可能避免发生外部短路，相关厂商还需要通过外部短路试验提升电池的安全性。该试验需要将环境温度设置为常温和高温两种不同的数值范围，进行常温外部短路试验和高温外部短路试验。试验的标准为电池最高温度不高于150℃，电池不会发生起火或爆炸。在具体试验过程中可以恒流恒压充电（CC/CV）至上限电压，以一定数值的电流截止，当动力电池表面温度达到环境温度后放置一段时间，用导线连接电池的两极，确保电阻达到试验所需数值，并检验试验过程中电池的温度变化。当短接时间达到设置时长，或电池温度下降到比峰值低某百分比时，便不再进行测试。

此外，由于外部短路发生时，动力电池会持续放热，极易引发火灾甚至爆炸，因此相关厂商在动力电池的生产过程中，需要按照标准进行重物冲击、燃烧、跌落、振动、高低温等多项针对性安全性能检测。

5.1.4 动力电池热失控的防范措施

（1）改进电池材料

对新能源汽车来说，电池的隔膜、电解液和正负极材料等都有可能会对安全造成影响。具体来说，电池中隔膜能够防止电池的正极和负极接触，具有阻断短路电流的作用，但隔膜大多为聚乙烯或聚丙烯材质，耐高温性能较差，因此会受高温影响出现收缩或溶解的现象，造成电解液泄漏，出现电池内短路，进而导致热失控。

为了提高隔膜的稳定性和耐高温性能，新能源汽车行业需要更换电池隔膜材质，将耐高温性能更强的聚酰亚胺作为电芯隔膜基材。

电解液燃烧严重威胁着驾乘人员的人身安全，同时也会对环境造成污染。为了降低电解液燃烧风险，新能源汽车的电池生产厂商可以在电池的电解液中加入阻燃添加剂。从作用原理上来看，阻燃添加剂可以在电池热失控时释放出大量含磷自由基，这些含磷自由基会与电池热失控产生的氢和氢氧活性自由基发生反应，进而达到清除自由基的效果，确保电池的安全性。一般来说，大多数电池的电解液中都需要添加具有高阻燃、低污染、电化学稳定等特点的阻燃添加剂，如磷酸盐、磷酸三甲酯、氟化亚磷酸盐等。

（2）电池包壳体的改善

电池可能会因新能源汽车遭受外力作用而出现挤压碰撞、起火爆炸等问题，因此生产厂家需要利用电池包壳体来对电池组进行防护。具体来说，厂家可以从提高外壳阻燃性和密封性方面入手，高阻燃性的外壳能够在一定程度上防止火势扩散，高密封性的外壳能够在一定程度上防止电池出现进水、气体泄漏、燃烧扩散等问题，从而对电池形成保护。

从实际操作上来看，厂家既可以利用耐阻燃涂层来提高电池包壳体的抗火焰能力，也可以利用防火毡材料来隔开模组、电芯和电池包壳体，利用高强度材料和缓冲结构来搭建电池箱。

具体来说，防火毡材料具有限制热量传播和火势蔓延的作用，能够防止发生反应的电池影响电池组中的其他电池，避免出现连锁反应，其在电池中的应用能够有效增强电池的防火能力。高强度材料和缓冲结构的结合能够避免车辆碰撞对电池组造成损伤，从而达到降低电池短路风险的效果。

（3）改进散热系统

动力电池包中包含多个单体电池，这些电池以并联或串联的方式相连，但各个电池单体之间存在一定的差异，具体来说，单体电池即便具有相同的规格和型号，在组成电池组后也可能产生不同的热量。

受散热条件影响，处于工作状态下的各个电池单体之间的差异会更大，同时散热情况也会在一定程度上影响电池的充放电速率和容量衰减，由此可见，为了增强电池性能，相关厂商需要对电池的散热系统进行优化。

从实际操作上来看，相关厂商可以将相变材料作为散热材料，充分发挥相变材料的可变性，利用相变材料来吸收和释放能量，防止电池的温度出现剧烈变化。相关厂商可以为电池装配结构合理的气体泄压阀，以便在电池出现热失控现象时及时排气，稳定电池包内部气压。相关厂商需要为电池设计易燃气体扩散通道，以便快速将电池包内部的易燃气体排到外部，防止与相邻电池发生连锁反应，避免出现大范围的热失控。

5.2 安全防护设计及预警方法

5.2.1 电池单体安全性设计

为了为车辆驾乘人员提供充足的人身安全和财产安全保障，新能源汽车行业需要采取一定的措施来预防、阻断和延缓电池热失控问题。从实际操作上来看，新能源汽车行业的相关研究人员不仅要加大对锂离子动力电池热失控触发机制和反应机理的研究力度，还要对各个动力电池管理阶段的管控方法进行归纳总结，以便为以后的电池热失控处理提供参考。具体来说，动力电池的管理主要涉及电池设计、电池使用和电池热失控3个阶段，动力电池安全管控流程如图5-3所示。

就目前来看，动力电池领域的相关学者大多针对电池材料、电池单体和电池系统三项内容来研究动力电池的安全防护方法，除此之外，动力电池安全防

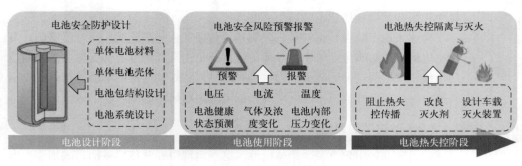

△图 5-3　动力电池安全管控流程

护的研究也可以只划分成电池单体和电池系统两项内容。具体来说，现阶段，电池安全防护设计的相关研究主要如表 5-1 所示。

表 5-1　电池安全防护设计

层级	类型	主要方法
安全的电池材料	隔膜	使用抗冲击性和稳定性高的多层隔膜，通过陶瓷涂层包覆隔膜，使用具有闭孔效应的隔膜阻断锂离子交换反应，促进锂离子均匀沉积避免枝晶刺穿隔膜
	正极材料	掺杂其他金属，使用热稳定性高的材料
	固体电解质界面膜（SEI）	使用高稳定性的锂合金材料，提高 SEI 的稳定性
	电解液	在电解液中添加阻燃剂，使用不易燃的电解液、水系电解液、固体电解液
电池单体安全性设计	电池壳体设计	通过在电池壳体设计安全阀、热熔丝阻断电流，设计正温度系数电极阻断反应
电池系统安全性优化	新结构电池	"刀片电池""弹匣电池""大禹电池"
	电池包结构优化和强化设计	加强电池包的抗冲击性能，将电池包分成多个电池模组，加强结构稳定性，在电池包中增加冷却管
	电池热管理系统设计优化	空气冷却、液体冷却、相变材料冷却、热管冷却以及复合冷却等方式

电池单体的安全性研究主要涉及锂离子电池的材料和结构两个方面，从材料方面来看，研究主要围绕电池的隔膜、正极材料、负极材料、电解液等内容展开，从结构方面来看，研究主要与电池壳体设计等内容有关。

当电池处于运行状态时，若隔膜出现损坏，那么将会造成电池内部短路，并产生激烈的氧化还原反应，反应过程中会释放大量热量，进而导致动力电池出现安全问题。具体来说，电池隔膜损坏的主要原因是电池滥用和锂沉淀不均，其中，电池滥用会使电池隔膜遭受冲击，或直接被机械穿透；锂沉淀不均会导致电池内部出现锂枝晶，而体积较大的锂枝晶则会穿破电池的隔膜，造成隔膜破损。

现阶段，相关研究人员针对电池隔膜易破损问题开发出了一种新的电池隔膜，这种电池隔膜有3层，且主要由聚醚醚酮和聚甲基丙烯酸甲酯等物质构成，具有稳定性强、抗冲击性高等特点，能够有效抵抗各类损伤，同时中间层还能够在电池处于高温状态时堵住锂离子交换的孔隙，防止电池内部发生放热反应。除此之外，相关研究人员还开发出了具有陶瓷涂层的电池隔膜和具有闭孔效应的电池隔膜，提高隔膜的抗高温能力和高温隔绝能力，防止隔膜在电池温度较高时出现熔化、收缩等问题，从而有效防止出现因隔膜受损造成的电池安全问题。

为了确保正极材料的安全性，相关研究人员为镍钴铝三元锂离子电池研发了一种新的正极材料，这种正极材料具有十分强大的热稳定性，能够抵抗高温对电池正极的影响。除此之外，还有其他的研究人员将镁加入电池的正极材料（镍酸锂、氧化锂钴和氧化铝锂）当中，利用镁来提高正极材料的稳定性，防止微观粒子破裂，进而达到增强锂离子电池的耐电滥用性能的效果。

锂离子电池的负极处配有用于保障电池安全的固体电解质界面膜（SEI），当电池处于高温状态下时，SEI可能会出现溶解、破裂等问题，无法继续阻挡嵌入锂中的碳材料和电解液发生反应，而这二者之间的反应会释放出大量热量和气体，进而影响电池安全。

为了保障锂离子电池的安全，新能源汽车行业的相关工作人员可以将尖晶石钛酸锂等锂合金材料作为负极材料，尖晶石钛酸锂具有不产生锂沉积、自加热温度较低、高温时的产热量较少等诸多优势，将尖晶石钛酸锂作为负极材料能够有效提高电池的稳定性。

锂离子电池的电解液中主要包含锂盐和有机溶剂，其中有机溶剂具有一定的挥发性和易燃性，当电池热失控时，有机溶剂可能导致电池出现自燃、爆炸等安全事故。为了提高电解液的安全性，新能源汽车行业的相关工作人员在研发动力电池时可以在电解液中加入阻燃剂，如磷酸三甲酯、氟化亚磷酸盐等，也可以用水系电解液、固体电解液等代替原本的电解液，降低动力电池中所用的电解液的可燃性，防止出现由电解液引发的电池热失控安全事件。

除此之外,新能源汽车行业的相关研究人员还可以进一步优化电池壳体设计,降低滥用对电池性能造成的影响。就目前来看,国内外均有相关研究人员将安全阀、热熔丝、正温度系数电极等部件应用到动力电池当中,提高动力电池的安全性。

具体来说,安全阀能够放出电池滥用时产生的气体,降低电池内部压力,防止电池爆炸。国外的相关研究人员已经开发出了一种基于反向挤压和压印工艺的安全阀,这种安全阀能够有效保障动力电池的安全,安全阀构造以及工作原理如图5-4所示。

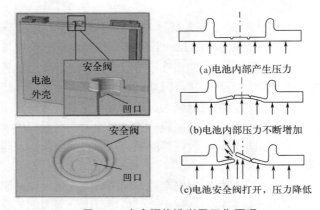

△图5-4 安全阀构造以及工作原理

热熔丝在保障电池安全方面发挥着十分重要的作用。当电池温度上升到一定阈值时,热熔丝将会熔断,防止电池继续反应产热,但当电池的电压持续上升时,即便热熔丝断开,也无法阻挡电池热失控。

部分研究人员在正温度系数电极中使用了新的电极材料,如具有导电涂层的纳米针状镍颗粒、具有较大的热膨胀系数的聚合物等,使用这类电极材料的正温度系数电极能够在电池出现过热、短路等问题时起到隔断作用,并在电池温度回到适合工作的温度范围内时恢复正常,充分保证电池运行的稳定性。

综上所述,现阶段,与动力电池单体的安全性相关的研究大多围绕电池的材料和结构两项内容展开。从材料上来看,陶瓷隔膜、具有阻燃剂的电解液等材料的应用能够有效提高锂离子电池的安全性;从结构上来看,安全阀、热熔丝等部件的应用能够缓解电池热失控,为新能源汽车的动力电池提供安全保障。

5.2.2 电池系统安全防护设计

电池系统安全防护设计的研究涉及电池的结构、电压、电流、热管理等多个方面。具体来说，为了提高电池系统的安全防护能力，新能源汽车行业的相关工作人员开始研究新结构电池，进行电池包结构优化和强化设计、过流过压安全设计、热管理系统优化等。

（1）新结构电池

目前市面上常见的动力电池包大多为"电芯-模组-整包"的三级结构。随着汽车行业和电动汽车相关技术的快速发展，人们对电动汽车的底盘利用率和电池能量密度的要求越来越高，行业内的相关研究人员需要进一步加大对新结构电池的研究力度，将无模组技术应用到新能源汽车的动力电池包当中。

以比亚迪开发的刀片电池为例，该电池的结构可分为电芯、电池包和电池管理系统三个层次，且采用了无模组设计，直接将电芯集成为电池包。具体来说，刀片电池动力电池系统如图5-5所示。

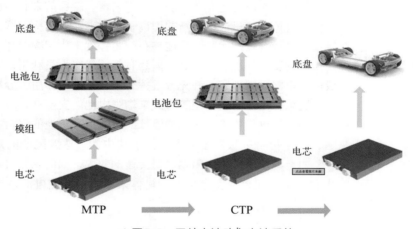

△图5-5 刀片电池动力电池系统

从工艺上来看，刀片电池使用了层压工艺，在电池生产过程中，生产厂家需要将电池的正负电极裁断为单片，并将其层层堆叠到隔膜上作为极芯，再通过热压的方式将二者固定到一起。从材料上来看，刀片电池使用了磷酸铁锂材料，具有较强的稳定性，不易出现安全事故。从性能上来看，刀片电池为刀片形，与冷却液和热交换器的接触面积较大，能够更好地散热，同时也具备更高的安全性。

除此之外，其他汽车企业也加大了动力电池开发力度。例如，广汽埃安开发出了弹匣电池，长城汽车开发出了大禹电池。

具体来说，弹匣电池采用三元锂材料，电池内部的SEI具有一定的自我修复能力，电解液具有较强的安全性，同时还可以充分发挥自聚合高阻抗界面膜的作用，减少电池热失控所产生的热量，且电池安全舱具有晶格纳米隔热层，将晶格纳米隔热层置于各个单体电池中间，降低温度较高的电池对其他电池的影响。不仅如此，弹匣电池还可以充分发挥液体冷却系统、散热通道和热传导通道的作用，大幅提高电池的散热面积和散热效率，在电池温度过高时快速降温。

大禹电池也使用了三元锂材料，同时还提高了镍元素的占比，具有更高的能量密度，且电芯之间使用了复合材料，可以通过双向换流的方式来均衡电池热量。不仅如此，大禹电池还具有电池防爆阀和气火流路径，能够在电池热失控的情况下将火源引入灭火通道当中，并及时进行处理，防止出现电池安全问题。

（2）电池包结构优化和强化设计

电池包结构优化和强化设计主要包含隔振、电池包结构设计、电池单体排布、整车结构强化和电池包在整车的安装等内容。就目前来看，已有相关研究人员根据优化设计理论设计出了新的锂离子动力电池包结构，这种结构的电池包具有轻量化、大容量的优势，且能够在一定程度上化解物理冲击，减轻电池在遭受冲击后的变形程度。除此之外，还有相关研究人员利用横向构件将电池包划分成多个电池模组隔室，并充分发挥有限元模型的作用，分析电池中存在的问题，通过强化电池薄弱部位等方式来增强电池的安全性。

特斯拉公司通过优化电池箱结构设计的方式提高电池的安全性。从实际操作上来看，特斯拉将隔板置于动力电池模块中间，达到隔断的效果，并将隔热层置于动力电池箱外，达到阻挡热量传递的效果，同时加强对火焰方向的引导，防止发生电池起火等安全事故。具体来说，特斯拉电池系统防护结构如图5-6所示。

（3）电池热管理系统

温度是影响锂离子电池安全性和循环使用寿命的重要因素，当电池处于低温状态时，活性较低，且伴随着能量衰减现象；当电池处于高温状态时，内部会发生剧烈反应并产生大量热量，可能会造成起火、爆炸等安全问题。一般来说，25～40℃是锂离子电池的最佳工作温度区间，在这一温度区间内，电池的安全性能最强，循环使用寿命也最长。新能源汽车需要借助电池热管理系统（battery thermal management system，BTMS）来调控电池温度，确保电池的工作温度始终处于安全范围当中。

现阶段，大多数新能源汽车通过空气冷却、液体冷却、相变材料冷却、热管冷却等方式来降低电池温度。

空气冷却就是利用风扇等装置将气流引入设计管道当中，并借助空气流动带走电池产生的热量，达到散热的目的。这种冷却方式的复杂度较低，已经被

第 5 章 动力电池安全管理技术

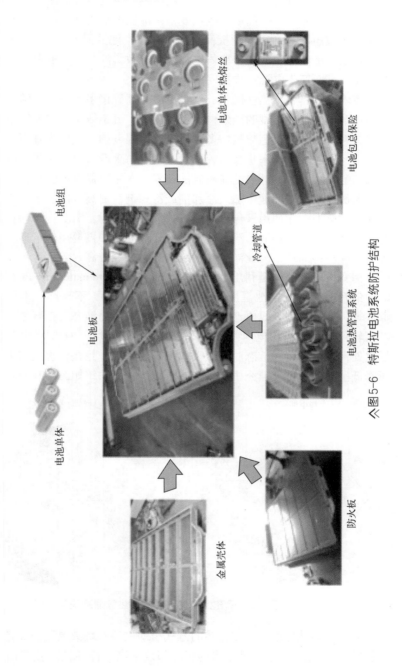

△图 5-6 特斯拉电池系统防护结构

广泛应用到多种新能源汽车当中。一般来说,空气的流速与电池散热效率之间关系密切,当空气流速较快时,电池散热效率也比较高,因此车辆可以通过加快空气流速的方式来提高电池散热效率,降低电池之间的温差。当动力电池处于高倍率放电状态时,即便提高空气流速,电池的温度也无法降到55℃以下,系统难以保证电池组内各个单体电池温度一致,部分电池的温度可能会高于其他电池,进而产生电池热失控问题。

液体冷却具有导热性能强、热响应能力高等诸多优势,能够有效提高电池组中各个单体电池温度的一致性。一般来说,流道数量和电池组温度的一致性之间关系密切,当流道数量增多时,电池组温度的一致性会升高,电池热失控等安全问题的发生概率也会大幅降低。就目前来看,液体冷却的冷却液大多为水和乙醇溶液,存在导热性能不足的缺陷。为了确保电池安全稳定运行,相关研究人员需要在冷却液中加入添加剂或冷却剂,提高冷却效率,增强电池的散热性能。电池组在使用液体冷却的方式进行散热时,需要先确保自身具有较强的密封性,防止出现液体泄漏等问题,但液体冷却需要用到管道、流量泵、制冷设备等多种部件,因此液体冷却系统的复杂性较高。

相变材料冷却就是利用相变材料(phase change material,PCM)来吸收电池中的热量,降低电池温度。PCM具有稳定性强、不易燃、不易爆、不具备毒性等优势,且在吸收电池热量后会由固态转化为液态,在释放热量后会由液态再转化为固态,在电池中发挥着调控温度的作用。但PCM也存在一定的不足之处,由固态转为液态时会出现体积膨胀问题,且在低温状态下导热性能有所降低。具体来说,填充相变材料的电池热管理系统如图5-7所示。

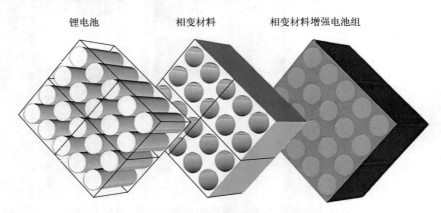

△图5-7 填充相变材料的电池热管理系统示意图

热管冷却就是通过相变传热的方式帮助电池模块散热,提高各个电池模块温度的一致性。这种冷却方式具有冷却效率高、冷却性能强等诸多优势,在新能源汽车的热管理系统中发挥着重要作用。脉动热管(oscillating heat pipe,

OHP）是一种可用于电池散热的热管，具有较强的传热特性和环境适应性，能够在电池温度过高时迅速降低电池温度。

除此之外，集成了多种电池冷却方式的复合冷却方式也是新能源汽车行业研究的重点。部分研究人员将PCM、水凝胶和组合材料（如膨胀石墨、混合泡沫金属等）加到电池包当中，提高电池散热速率，同时综合运用相变材料冷却和热管冷却等多种电池冷却方式，加强对电池温度的控制，确保电池温度处于安全范围，防止出现电池热失控问题。

5.2.3 热失控早期报警方法

引发锂离子电池热失控的因素十分复杂多样，且演变规模难以把握，在出现安全事故之前难以及时察觉。为了确保动力电池系统的安全性，新能源汽车行业的相关研究人员需要加大对热失控预警机制的研究力度，以便及时发现电池热失控并进行处理，防止出现电池安全问题。

当电池出现热失控问题时，电池的温度、电压、电流和内部反应所产生的气体的浓度等均会发生变化。新能源汽车的动力电池系统可以根据这些参数的变化发现潜在的电池热失控风险，并发出告警信号，以便用户及时采取相应的措施来规避风险。

具体来说，电池热失控的早期预警方法主要包括以下三种类型：

① 根据电池的温度、电压和电流等参数的变化情况进行热失控预警；

② 根据电池的内部状态的变化情况进行热失控预警；

③ 对电池内部发生反应所产生的气体进行检测，并根据检测结果发出预警信号。

为了防止出现电池自燃或爆炸等安全问题，部分研究人员将电阻温度传感器（resistance temperature detector，RTD）装配到锂离子电池的电极集流体中，并构建用于预测电池表面温度的温度预测模型，以便实现对电池热失控问题的及时预警。除此之外，新能源汽车还可以借助光纤布拉格光栅传感器（optical fiber Bragg grating sensor）感知电池内部状态，并在此基础上实现电池热失控报警功能。

例如，帕罗奥多研究中心（Palo Alto Research Center，PARC）将光纤传感器装配到电池中，当电池内部应力和温度发生变化时，光纤的折射率和折射光波也会发生变化，光纤传感器可以感知光纤变化情况，并据此进行电池热失控预警。具体来说，嵌入电池内部的光纤传感器如图5-8所示。

约翰霍普金斯大学应用物理实验室（Applied Physics Laboratory，APL）在研究电池热失控预测方法的过程中发现，新能源汽车可以借助基于电池内部状态的快速阻抗相移监测方法来进行电池热失控预警，且这种方式在热失控早

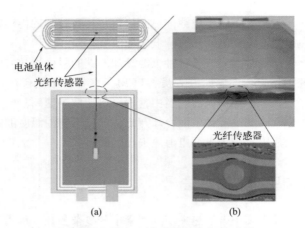

△图5-8 嵌入电池内部的光纤传感器

期预警方面的有效性高于电池表面温度监测。

当电池处于热失控早期时,电池的各项外部参数会出现难以察觉的微小变化,同时电池内部会发生副反应,并释放出大量烟雾和气体(如一氧化碳和氟化氢)。新能源汽车可以借助红外光谱气体测量仪来对这些气体进行检测,以便及时发现电池热失控问题,并发出警告信号。

新能源汽车可以充分发挥分辨率较高的气体检测装置的作用,对电池热失控时产生的气体进行实时监测,并根据这些气体的变化来发现电池热失控问题,及时发出报警信息。具体来说,检测的气体主要包括乙烯、二甲醚、乙氧基甲醛、甲烷、一氧化碳、二氧化碳、磷酸二甲酯、碳酸甲乙酯等气体。

美国Nexceris公司开发出了一种基于气体监测的锂离子电池热失控自动报警系统。与温度传感相比,该系统能够更早地发现电池热失控问题,在热失控达到峰值前7~8min时发出报警信号,为用户提供更充足的时间来处理热失控问题。新能源汽车可以借助该系统对电池内部反应产生的气体进行实时监测,并实现电池热失控早期预警。

从理论的层面上来看,气体检测技术在动力电池安全系统中的应用能够明显提高热失控预警效果,但就目前的技术水平来看,新能源汽车行业还需进一步提高传感器精度,优化电池封装工艺,确保所用传感器具有较高的检测分辨率和较强的耐高温能力,同时也要防止电池内部反应所产生的气体对传感器造成影响。

从实际应用的层面上来看,基于电池内部状态的预报警容易受到电池运行工况和外部环境等因素的干扰,难以精准掌握电池内部状态,导致预报警的有效性不足。基于电池外部参数的预报警存在时间短的不足之处,难以支撑新能源汽车实现长时间尺度的电池热失控预报警。

5.2.4 基于大数据的安全预警方法

在大数据时代，大数据分析技术的应用前景十分广阔，新能源汽车行业也需要借助大数据分析技术来实现转型升级。就目前来看，大数据分析技术已经逐步被应用到新能源汽车产业的动力电池等多个领域当中。2017年，新能源汽车国家监测与管理平台正式上线运行，政府部门可以借助该平台对新能源汽车进行监管，确保新能源汽车运行的安全性。

为了进一步推动新能源汽车产业稳定快速发展，我国既要建立和完善相关监管制度，也要充分利用车辆上传到平台中的各项相关数据实现有效的故障诊断，同时向车辆驾驶员发出警告信息，并生成相应的解决方案，帮助车辆驾乘人员规避新能源汽车事故，从而为新能源汽车安全运行提供强有力的保障。

为了推动新能源汽车行业健康发展，保障车辆驾乘人员的安全，相关研究人员不仅要将热失控早期预报警技术应用到动力电池安全系统当中，还要加强对新能源汽车电池系统长时间尺度预警的研究。

近年来，新能源汽车向智能化和网联化的方向快速发展，车载信息系统的功能日渐完善，车辆运行过程中会产生大量数据，对汽车行业来说，这些数据也是十分重要的资源，可以为新能源汽车的安全风险预警提供数据层面的支持。

新能源汽车行业的相关研究人员充分发挥汽车运行数据的作用，且已经针对基于大数据的动力电池热失控预警问题进行了大量研究。就目前来看，为了保证新能源汽车的安全，工信部已经推出相关政策为各个汽车企业提供支持。上汽、北汽和吉利等多家车企也已经构建起包含各项车辆运行数据的大数据平台，相关研究人员也正在不断加大对新能源汽车安全风险预警问题的研究力度。具体来说，大数据下的动力电池安全风险预警如图5-9所示。

新能源汽车的动力电池系统中设有基于大数据的三级预报警机制，当动力电池中的某项数据达到相应的阈值时，预报警机制则会启动，并发出相应的报警信号，提醒用户及时对电池中出现的问题进行处理。现阶段，动力电池系统三级预报警机制已经被广泛应用到我国各种类型的电动汽车的运行监控系统当中，在保障车辆安全方面发挥着重要作用。

电池组中的各个单体电池之间的不一致性是影响电池系统安全的重要因素。在生产工艺、使用环境等各类影响因素的作用下，电池组中的各个单体电池的剩余容量将出现一定差别，当动力电池处于充电或放电状态时，可能会出现过充、过放等问题，进而导致动力电池系统的安全性受损，难以确保车辆的安全。

为了保障车辆安全，新能源汽车行业的相关研究人员需要解决电压极差问题，分析电池组中的单体电池的一致性，及时找出存在异常的单体电池，并实

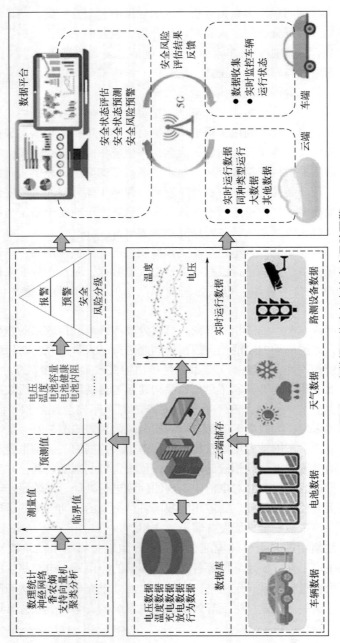

△图5-9 大数据下的动力电池安全风险预警

现风险预警。现阶段，相关研究人员已经研究出了一种基于熵值理论的电动汽车安全风险预警方案，电动汽车可以借助该方案来获取电动汽车的实时运行数据，并利用熵权重法来对各项相关数据进行处理，以便及时发现电池在电压、温度等方面的异常，并精准定位存在问题的单体电池，实现对动力电池系统安全风险的有效预测，充分保障动力电池的安全。

对新能源汽车行业来说，为了全方位保障新能源汽车的运行安全，推动整个产业快速稳定发展，需要综合运用大数据和人工智能等先进技术，加强对动力电池安全预警技术的研究和应用。就目前来看，新能源汽车行业已经将大数据分析技术应用到动力电池的安全风险预测、安全风险预警和安全风险衰退分析预测等多个环节当中，通过对风险的预测来保障动力电池的安全。但受数据稀疏、电池强非线性、特征参数耦合等问题的影响，相关研究人员还需进一步加大对安全风险预警技术的研究力度，力图实现对各项预警技术的工程化验证和应用，进而达到进一步提高动力电池以及新能源汽车的安全性的目的。

目前，大数据在动力电池热失控的预测方面的应用研究，已经在国内的高校、企业等机构逐渐推进。以北京理工大学为例，其动力电池安全预警方案建立在大数据平台上，并采用了熵值方法，可对温度故障和热失控做出及时预测。另外，该机构依托多层次筛选算法，用离群点检测的方式找出动力电池单体电压故障，这一故障检测方法已经得到了实际验证。北京理工大学所开展的相关工作具有重要的指导和借鉴意义，证明了将大数据技术运用于动力电池热失控潜在故障的诊断和预测是有效而可行的，该方法将在动力电池安全管理方面发挥极大的积极作用。动力电池是新能源汽车的核心部件，它的安全性很大程度上决定了整车的安全性，新能源汽车安全性的提高将增加人们对它的接受度，为新能源汽车产业的发展提供牢固后盾和重要推力。

5.3 热失控被动控制与防护方法

5.3.1 热失控扩散隔离

当锂离子动力电池发生热失控时，要尽可能将热失控的范围限制在热失控单体上，通过隔离和灭火的方式阻止热失控扩散到其他单体。如果热失控发生后没有得到有效控制，就会引发多种严重后果，包括火灾、爆炸，以及有毒烟雾的释放。热失控造成的火灾具有非常大的破坏力，其火焰温度高，火势的蔓延速度极快，容易发生复燃，且很难用常规手段扑灭。因此，必须在热失控发生后对其进行隔离，阻止热失控的扩散，降低事故的损失和危害。

控制动力电池热失控的扩展，阻止其蔓延到整车，可以借助热失控隔离装置，目前对隔离装置的研究主要从材料和结构入手。

在阻燃材料上，国外的研究人员选择了铝和玻璃纤维作为研究对象，利用热失控扩散模型开展研究，如图5-10所示。其中图5-10（a）为热失控扩散模型；图5-10（b）为热失控扩散模型中不同位置的温度情况；图5-10（c）为不同厚度阻燃材料对温度的影响。

研究结果显示，阻燃材料越厚，对热失控扩散的抑制作用就越好，但却不利于电池的散热，因此关键问题是在两者之间找到平衡点。

有研究人员通过实验发现石墨复合材料和铝可以有效控制热失控的扩展。三元乙丙橡胶具有耐热性质，有的研究人员以它为基体制成了阻燃材料，此种材料可以通过隔离燃烧所产生热量和控制壳体表面温度的方式阻止热失控的扩展和蔓延。

另有学者用硅酸盐骨料、水玻璃、硅溶胶组成了一种复合材料，并通过实验证明了该材料对抑制热失控扩展有着良好的效果。在热失控发生时，这种材料能够隔离热量，阻止燃烧，而且这种材料在抑制热失控和散热之间取得了较好的平衡，可以保证电池的正常散热。此外如果电池发生膨胀，会对隔离材料的结构造成损坏，为了应对这种情况，在材料中加入了增强纤维，使材料更加坚固。

控制热失控扩展，还可以着眼于结构层面，通过结构优化设计来实现。有研究人员针对锂离子电池热失控扩展实施了建模，从多个方面提出了热失控扩展的抑制措施。从热失控发生前入手，提高触发的温度；从热失控发生的过程中入手，降低放热能量；从电池的性能和构造入手，增强电池的散热水平，在电池单体间安装隔离层。

在结构优化设计上，特斯拉取得了较为突出的进展，拥有大量的专利。比如，特斯拉设计了一个电池支架，支架上装有间隔器，这样可以将热失控锁定在电池的预定位置，加强了对热失控的控制，有效抑制了热失控的扩展。此外，在电池组中安装热隔离器件，将电池组分成不同的区域，区域之间存在比较坚固的壁垒，某一区域内发生了热失控时，其余的区域不会受到影响。热隔离器件包含高导热层和低导热层，除了发挥隔热作用外，它还可以与液冷等散热方式建立耦合关系，共同发挥对热失控的抑制作用。

需要注意的是，与从材料出发控制热失控扩散类似，从结构出发控制热失控扩散同样要注意电池隔热和散热的平衡问题。隔离热失控要建立一个相对封闭的空间，而电池散热需要的空间则是开放的，所以要恰当调节隔热和散热之间存在的矛盾。

第 5 章 动力电池安全管理技术

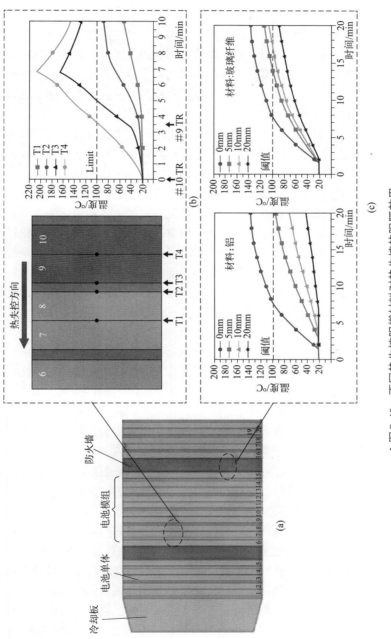

△ 图 5-10 不同热失控阻燃材料对热失控的阻隔效果

5.3.2　热失控阻断方式

由于材料和结构的原因锂离子电池存在一定的安全隐患,且在当前的技术水平下难以根除。材料方面,电池单体中的隔膜、负极和电解液选用的材料都具备易燃性,在高温高压的条件下容易发生事故。结构方面,电池组包括以千百计的电池单体,单体间采用串联或并联的方式连接在一起,放置于密封的空间内,这同样会带来安全隐患。

虽然锂离子电池的安全隐患暂时无法得到彻底解决,但仍然可以采取相应的手段增强锂离子电池的安全性,例如从正极材料、电解液、隔膜等电池材料入手。电解液对正极材料有腐蚀作用,能够与正极材料发生副反应,在材料表面进行包覆,可在一定程度上缓解这一问题,包覆的材料可以选用氧化物和碳化层。电解液在高温下易燃,可以借助有机磷化物和氟化物等阻燃剂抑制这一特性。在电解质的选择上,可以采用离子液体与耐高温材料氧化锆结合的固体电解质,既保留离子导电性,又提高了热稳定性。高温会造成隔膜坍缩,当充电电压达到一定数值时,隔膜会转为能够吸收能量的导体,对材料起到防护作用。但导体在有电流通过时会产生热量,即焦耳热,如果电池过充则焦耳热的数值会很大,这样便很容易造成热失控。针对这一问题可采用电压敏感性隔膜解决。

提高锂离子电池的安全性,可以采用安全性更高的电池材料,也可以建立电池温度感应机制,如果温度超出了正常的数值,能够及时停止电池反应,防止电池自加热,从而避免出现热失控的情况。

循着温度感应机制的思路前进,近年来国内和国外的学者提出了多种用于防范热失控的技术方案。正温度系数电极是其中的一种,在电极集流体表面涂覆正温度系数活性涂层,这一涂层可以在电极内部产生作用,当电池温度因电极遭遇过充、过热、外部撞击而升高,达到阻变温度时,涂层电阻会在短时间内有较大幅度的提升,将集流体与活性涂层间的电流切断,停止电池的电化学反应,防止出现热失控。

基于温度感应机制的热失控防范技术还有热响应微球修饰隔膜以及热聚合添加剂。在隔膜或是电极表面涂覆一层热敏性微球,在常温状态下,热敏性微球层的表面为多孔结构,离子可以从中通过实现传输。当温度升高到一定数值,微球层会发生熔化,这时其表面将呈现为绵密的聚合物层,将隔膜和电极表面封闭,电池中的离子传输不再能自由进行,电池反应由此中断,防止发生热失控。此外,切断离子传输还可以借助单体、寡聚体的热聚合效应来完成,因为在热聚合的作用下电解液会发生固化。上述两种离子传输技术的原理如图5-11所示。

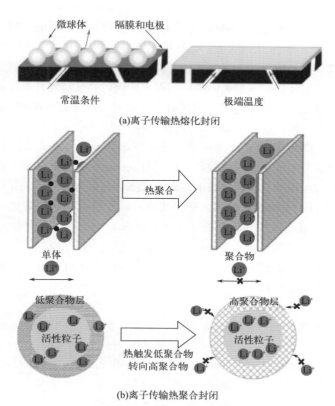

▲图5-11 离子传输切断技术原理

5.3.3 电池灭火方式选择

锂离子动力电池引发的火灾危害较大,其起火速度快、持续时间长、燃烧温度高,如果燃烧时间过长,还有发生爆炸的危险。此外,锂离子电池导致的火灾无法用常规手段完全扑灭,一般的灭火剂不能阻止电池连锁放热反应和电池温度的持续升高,这样即使将火扑灭,电池也会发生复燃。所以在应对锂离子动力电池引发的火灾时,要具有针对性地选择能够发挥作用的灭火剂,国内研究人员已开展过不少此方面的研究,下面将介绍他们的一些研究结果。

① ABC干粉、七氟丙烷、水、全氟己酮、二氧化碳四种灭火剂都能够扑灭电池热失控引发的明火,但在具体效果上又存在一定的差异,水可以最有效地阻止温度的升高,用二氧化碳灭火则会导致复燃。

② 以针刺引发的火灾进行试验,发现含有添加剂的细水雾灭火系统能够取得更好的灭火效果。

③ 当细水雾中加入了表面活性剂时,可以在较短的时间内使爆炸产生的

温度有所下降，控制热失控的扩展，使爆炸过程得到延缓。

④ 以压强为变量，分析细水雾在应对由电池模组热失控引起的火灾时的表现。当压强在10MPa以下时，压强越大，细水雾的包络性和绝缘性越强，灭火和降温速率越高，相应的灭火所用时间就越短，不过更好的灭火效果也意味着更高的成本。综合考虑各方面因素，当压强在6MPa及以上时，细水雾能够取得较好的灭火效果。

⑤ 使锂离子电池燃烧，并用细水雾灭火，试验所用的锂离子电池有着不同的功率等级、单体数量、排列方式，通过这样的实验，分析锂离子电池的热失控是由什么原因导致的，以及细水雾在灭火时遵循的是什么样的抑制机制。

⑥ 七氟丙烷的灭火效果比较好，而且可以有效防止电池复燃。当七氟丙烷的浓度为10%时，能够有效扑灭火灾中的明火。此外，七氟丙烷可以使发生热失控的电池在20min内不复燃，防止热失控发生后出现气体燃烧的情况。七氟丙烷的这些灭火特性，对专门应用于锂离子电池热失控火灾的灭火装置研究具有指导意义。

5.3.4　车载动力电池灭火系统

在热失控隔离和灭火这些传统的路径之外，人工智能这一新的科技领域为锂离子电池热失控的防范提供了新的方向，人们开始重视将人工智能和嵌入式系统应用于热失控防护中，如图5-12所示。

有研究人员研发出了一种系统，可以针对锂离子电池舱的火灾发出预警并进行灭火，该系统需要用到SVM（support vector machine，支持向量机）分类器。这一系统可以识别电池舱的温度和烟雾浓度等与火灾有关的参数，判断起火状态，计算出火灾发生的概率并进行输出。如果确认发生了火灾，则采用气溶胶实施灭火。还有研究者提出了基于贝叶斯网络的车载电池舱智能灭火系统，该系统能够感知电池舱内的温度、火焰和烟雾状态，以此判断火灾状态，当火灾发生时借助干粉灭火剂实施灭火。

有学者设计了一种锂离子动力电池环境性能实验箱，上面装有自动灭火装置，灭火剂选用的是七氟丙烷。还有研究者将电池的报警应用于灭火，设计出了一套火灾报警系统，这套报警系统分为不同的报警阶段，不同阶段对应的报警等级会有差异，灭火时采用的则是水喷淋灭火系统。

灭火剂的冷却效果越好，就能越有效地阻止电池的复燃。不过，目前每种灭火剂的运用范围都是有限的，能够处理任何类型电池火灾的灭火剂还有待发掘和研制，而一旦研制成功，必将大大提高动力电池的安全性。通过传感器收集到的信息，智能灭火系统会对电池燃烧的状态做出识别和判断。不过，传感器在行车过程中会受到来自外部环境的影响，因此要提高传感器信息的精确

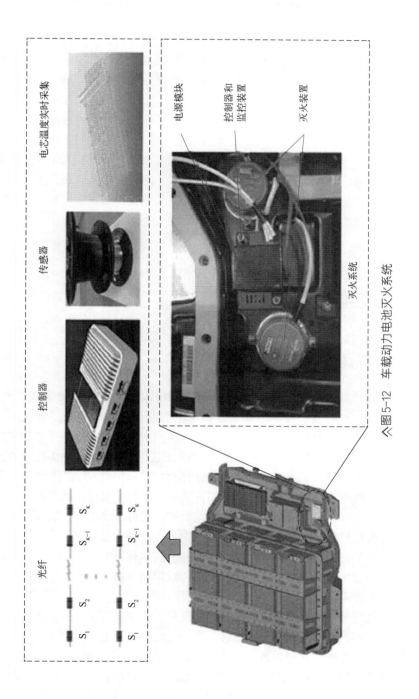

图5-12 车载动力电池灭火系统

性，使系统能够更准确地识别热失控。

综上，锂离子动力电池热失控的被动控制与防护主要有两个要点：一是在热失控发生时对其进行隔离和阻断，抑制热失控的扩散；二是在热失控发生后有效扑灭其引发的火灾。控制热失控的扩散主要从材料和结构入手，而无论从材料还是从结构入手控制热失控扩散，都要处理好电池隔热与散热之间的平衡问题。

对于热失控引发的火灾，灭火措施主要涉及灭火剂的选择和研究问题。灭火的要求不只是扑灭明火，还要抑制电池温度的升高，控制热失控的扩散范围，防止出现复燃。另外，随着人工智能技术的发展，将人工智能应用于热失控防范逐渐成为新的技术趋势。总结说来，热失控隔离装置、灭火剂、智能灭火系统，是目前电池热失控被动防护的三大要件，实现更有效的被动防护，增强动力电池的安全性，主要从这三大要件入手。

5.4 动力电池安全管理发展趋势

5.4.1 从机理分析到系统设计优化

动力电池为电动汽车储存运行所需要的能量，汽车想要实现较长的续航，就需要电池达到一定的能量密度，然而高能量密度会带来安全风险，容易造成热失控，引发车辆自燃。针对如此严重的安全隐患，需要采取相应的安全措施，实施有效的安全管理。在理论层面上，要对动力电池热失控现象蕴含的机理作出充分透彻的研究，建立明确的安全指标体系，制定详细的安全防护策略。在技术层面上，选用安全性较高的电池材料，设计出合理的、安全性较高的电池内部结构、成组方式和电池箱结构。通过上述工作，实现对热失控的有效预防和控制，减少热失控造成的损失。

为了防止热失控的发生或是对热失控进行控制，应依托热失控的机理分析，构建电池热安全模型，着眼于电池材料、电池单体、电池系统等多个层面，推进系统优化设计。

电池单体的热安全模型有热失控反应动力学模型、单体热失控集总参数模型、单体热失控三维模型等三种。在热失控反应动力学模型中，会考虑电极材料及电解液的分解和两者之间的副反应，以及电极和电解液之间的薄膜即SEI的分解重生，对电池材料的各种组合方式进行DSC测试，标出各组合副反应的化学反应动力学参数，并借助相关的公式，包括质量守恒方程、能量守恒方程和阿伦尼乌斯公式等，构建数学模型，用模型来反映热失控的速率即温度变化趋势。单体电池热失控集总参数模型除了能够提供关于热失控温度状况的预测之外，还可以预测压力等相关数值的变化。单体热失控三维模型能够对热失控的形态变化做出预测，即热失控是怎样在电池单体内部扩展和蔓延的，同时在蔓延过程中，温度场会呈现出怎样的演变。

从电池单体层面防控热失控，首先可以从电池材料入手。比如，将电极材料的表面进行改性以使晶格失氧得到抑制，使用固态电解质以降低可燃性，采用类似的方法可以得到热稳定性和安全性更高的电池材料，电池材料是抵御热失控的第一道防线。其次，防控热失控还可以借助一些安全器件，如电流断路器、正温度系数热敏电阻、泄压阀等。再有，建立温度感应机制也是热失控防控的手段之一，如果感应到温度超出了正常数值，可以立即停止电子或离子的传输，中止电池反应。

上面提到的方法对于防控热失控有一定的作用，这已经由实验结果证实，不过需要注意的是影响电池热失控的因素非常复杂，因此这些方法的实际应用效果还需要在实践中加以验证。

从电池模组层面进行热失控的防控，需要构建电池热失控扩展模型。热失控扩展模型按照维度的不同有集总参数模型、二维模型、三维模型几类，维度更高的模型更准确，能提供更多的可用信息，同时其计算也更加复杂。热失控的扩散和蔓延需要依照一定的路径，如果一个电池单体发生了热失控，那么它自身的热量可以通过热传导、热对流、热辐射等热传递方式到达其他单体，同时出现热失控的电池单体会产生高温气体和颗粒物，这些同样会造成其他单体热量升高。除了电池间的传热特性之外，电池的热物性参数、电池热失控特征温度、单体间的电连接等同样会对热失控扩展产生影响。在建立电池热失控扩展模型时，要综合考虑以上因素，分析并量化各因素的影响程度，实现更合理的动力电池系统优化设计。热失控扩展温度场仿真结果如图5-13所示。

以冷却介质划分，电池热管理系统有空气冷却、液体冷却、相变冷却三类。据相关的研究结果，空气冷却对热失控扩展的抑制效果不佳，不被视作可用的选项。液体冷却通过水性PAAS（聚丙烯酸钠）水凝胶和微通道液冷可以达到较好的抑制效果，不过关于液体冷却，目前的研究还比较有限，未涉及对电池成组效率的影响，也没有在最大程度上实现设计的优化。

在相变冷却技术方面，许多研究的关注点为将石蜡复合相变材料应用于热失控扩展的防控，这种材料的导热性不好，可以用于容量较小的圆柱形电池，在容量较大的方形电池上是否适用还有待观察研究。而热管具备良好的导热性，将热管应用于电池热失控扩展的防控是值得期待的方案，不过这方面的研究目前来说还比较匮乏。

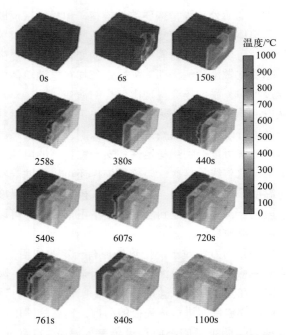

图5-13 电池模组热失控扩展温度场仿真结果

5.4.2 从被动安全防护到主动预测

如果动力电池因为过充、内短路、内部压力过大造成温度过高,那么被动安全防护可以做出应对,减少事故造成的损失。然而,最理想的结果是避免事故的发生,不必遭受任何损失,这一点被动安全防护无法做到。

因此,相比于被动安全防护,主动风险预测与维护对于电池安全来说有着更大的意义。实现主动风险预测与安全防护,需要对电池的安全故障进行较为全面的分析,包括故障本身有怎样的特性,以及受哪些因素的影响,能够识别出电池在发生故障前呈现出的异常特征。通过故障分析,在热失控前及时发出预警,防止事故的发生,如果热失控已无法避免,则尽可能控制热失控的扩展。另外,电池单体、电池箱和电池管理系统的组合方式是动力电池系统安全的重要影响因素,三者处于最佳性能有助于实现主动风险预测,更好地保障电池系统的安全。

由于自身的时变、非线性、非均一特性,锂离子动力电池在遇到多种条件时都可能发生热失控,包括过热、过充、短路等内部变化,以及撞击、挤压、穿刺等外部打击。锂离子动力电池的热失控涉及多个学科领域和多个物理场的耦合,另外,来自外界的热扰动等同样会对其产生影响。在这些因素的作用下，锂离子动力电池系统的热失控有着非常复杂的扩展特性，在路径、动力、速率上呈现出明显的差异，并且有可能导致链式反应。

因此，要想厘清锂离子动力电池系统热失控扩展的规律，准确预测其热失控行为，从而实现主动风险预测，需要完成许多理论层面上的工作，搞清楚一系列理论问题。比如，热失控的扩展是链式的，那么这样的扩展是怎样触发的？电池单体间的热和电发生作用和反作用时依据的是怎样的机制？热量传播路径与传热能力之间存在着怎样的关系？另外，针对多物理场的热失控扩展，要建立起相应的耦合数学模型。

锂离子动力电池系统包含数量繁多的单体电池，单体电池存在的非线性特征在系统中得到了延续，此外系统本身也存在着一些缺陷，包括不一致性、对温度敏感、老化速度快等，这意味着系统的安全处在非常不确定的状态之下。一旦电池出现热失控，那么许多因素都会对热失控的扩展产生影响，包括电池的成组连接方式和热管理形式等电池本身的因素，以及电池系统所处的环境条件，此外还有热失控的相关特性包括其触发方式和加载状态。

应对安全故障，需要提高电池组连接方式的安全性和可靠性。当电池未发生故障时，要时时保持警惕，避免其超负荷工作。如果电池出现了热失控，要及时实施防控，控制热失控的扩散和蔓延。具体设计方面，在电池箱内安装温度传感器，实时监测电池的温度，当温度过高时可以及时发出预警。另外采用更合理的电池箱排气孔设计，保证箱内气体排放顺畅，防止因气孔堵塞电池内压力过大而发生故障。

要想防止热失控的发生，应在故障发生前建立有效的预警机制，这需要借助电池管理系统。热失控预警技术的实现需要有一定的参照，这一参照可以是电压、电流、温度等电池的外部参数，也可以是电池内部的气体状况，由此分出了热失控预警技术的不同类型。

基于外部参数的热失控预警技术无法通过模拟准确地掌握电池系统内部的状态，所以往往不能及时发现热失控风险的存在并发出预警。针对此种技术类型的缺陷，有的学者认为可以在电池内部安装嵌入式可折叠布拉格光纤传感器，或者采用其他的热失控预警方法。其他方法有以电池的内部状态为参照的热失控参照技术，这一技术路线需要用到阻抗相移快速监测法。此外还有基于气体检测的热失控预警技术，之所以选择此种方案，是考虑到在温度、电压等发生明显变化前，气体就已经产生。理论上说，后两种热失控预警方法都能做到尽早发现热失控风险并发出预警，但是它们的实际应用需要以电池系统硬件结构的改造为支撑。

使用一段时间后，锂离子动力电池的性能会出现衰退，比如容量降低、内阻变大，此外电池单体间的不一致性也会增加，这些都将对电池的安全性和可靠性产生影响。由此可见，热失控并不是毫无征兆的突发事件，在这之前电池安全性的逐渐衰减已经提供了"铺垫"。

　　锂离子动力电池的安全性在很大程度上取决于它的内部状态，因此可以通过监测电池的内部状态对其安全性做出判断，得出电池的安全状态，及时发现故障风险，防止故障的发生。电池内部状态包括电池温度、荷电状态（SOC）、健康状态（SOH）、功率状态（SOP）、功能状态（SOF）、能量状态（SOE）及剩余使用寿命（RUL）。准确掌握电池内部状态，需从理论和工程应用两方面入手。理论方面需要建立可靠的电池模型，实际的工程方面需配备性能较高的硬件以应对复杂的计算。

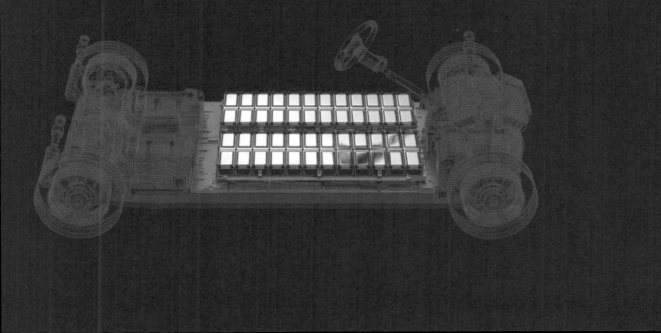

6.1 新能源汽车电池热管理

6.1.1 动力电池热管理概述

为了应对能源危机和环境污染问题，我国开始推进汽车工业转型，大力发展新能源汽车，政府部门针对新能源汽车工业陆续出台了各项相关发展规划，制定了财政补贴和税务鼓励计划，在政策上为新能源汽车行业的发展提供支持。

就目前来看，电动汽车正逐步实现产业化、市场化，同时电动汽车也是未来交通发展的趋势和方向。电动汽车在电池的电压和容量等方面有着较高要求，因此电动汽车中的各个动力电池单体大多以串并联相结合的方式连接。

当电动汽车处于运行或充电状态时，电池会产生大量热量，如果出现散热不及时等问题，电池将会受持续累积的热量影响迅速升温，导致电池内部化学反应加速，电池内部结构发生质变，进而出现严重的汽车电池安全问题。为了确保汽车电池的安全性，新能源汽车行业还需为新能源汽车装配高效的电池热管理系统（battery thermal management system，BTMS），稳定电池工作温度。

电池组具有储能作用，能够为新能源汽车储存能源、提供动力，同时也能够影响新能源汽车的性能。现阶段，大部分新能源汽车所采用的动力蓄电池都是锂电池。

一般来说，新能源汽车需要大量电池来支撑其正常运行，但可用于装载电池的空间有限，且各个电池单体的放电倍率和生热速率等各不相同，时间和空间也与热量累积情况密切相关，受以上各项因素影响，电池组运行环境温度控制也较为复杂。

电池包内部高温会在一定程度上干扰电化学系统运行、减少电池循环寿命，也会降低电池包的安全性、可靠性、充电可接受性，并对电池包的功率和能量产生一定影响。当新能源汽车的电池组出现散热不及时的问题时，电池组将会出现高温或温度分布不均的现象，导致电池充放电循环效率下降，甚至出现热失控等安全问题。

一般来说，新能源汽车中的电池摆放较为密集，与边缘区域相比，中间区域聚集的热量较多，因此电池包会出现温度不均的问题，导致各个电池模块以及各个电池单体的性能一致性明显降低，同时也可能会出现电池荷电状态（state of charge，SOC）估计不准的问题，进而对新能源汽车的系统控制造成不利影响。

从原理上来看，锂离子电池的正负极和电解液会发生氧化还原反应，反应过程中会出现吸热或放热现象，造成电池内部温度变化。具体来说，当电池处于低温环境中时，正负极表面活性物质嵌锂反应的速率较低，活性物质内的锂离子浓度也比较低，与处于正常温度下的电池相比，此时，电池的平衡电势较低、内阻较大、放电容量较小；当电池处于极端低温环境中时，电解液可能会出现冻结现象，导致电池无法放电，且电池也会被低温损坏，进而导致新能源汽车的动力输出性能和续航能力降低。

除此之外，当新能源汽车在低温环境中充电时，电池负极表面的锂还会沉淀成尺寸较大的金属毛刺，这些金属毛刺会穿破电池隔膜，导致电池的正负极相互接触造成短路，影响新能源汽车的安全。

由此可见，如果无法保证低温充电的安全性，新能源汽车就无法在寒冷地区落地应用。为了扩大新能源汽车的使用范围，汽车行业需要进一步强化整车性能，对电池包结构进行优化，针对高温环境和低温环境设计新能源汽车BTMS，以便在最大限度上提升电池组的性能和使用寿命，增强新能源汽车在高温和低温环境中的可用性。

6.1.2 动力电池热管理技术分类

（1）有源热管理技术

在新能源汽车动力电池系统中，有源热管理技术是一项关键技术，借助这项技术，可以对电池的温度做出主动调节和控制，以保持电池的性能，延长电池的使用寿命。使用较多的有源热管理技术有两种，液冷系统和气冷系统，可依据实际情况在两种技术中作出选择。

特斯拉的纯电车型普遍采用的是液冷系统，安装于电池包中的数百个电池模块中。液冷系统要用到液体冷却剂，一般由乙二醇和水混合而成，借助冷却剂循环对电池的温度作出控制。

电池升温时，液冷系统中的液体冷却剂，吸收电池模块的热量，之后吸收热量的液体冷却剂到达散热器，由散热器风扇完成最终的散热。这样液冷系统就实现了对电池温度的管理和控制。

通过以上案例，可以确认液冷系统是一种有效的有源热管理技术。液冷系统对于电池乃至新能源汽车有着十分重要的意义，有助于维持电池的高性能和稳定性，延长电池的使用寿命，使电动汽车拥有更长的续航里程。

（2）无源热管理技术

无源热管理技术与有源热管理技术的区别在于，它不必依靠外部的能源来控制电池温度，而是借助电池本身的材料设计和热传导。相变材料（phase change material，PCM）是无源热管理技术的重要实现载体，当温度在一定范围内发生变动时，这种材料可以吸热或放热，以此对温度做出调节和控制。导热相变材料是相变材料中使用较多的一种。

PCM在电池包中的位置不是固定的，可嵌于电池模块之间，也可集成于电池单体之上。如果电池的温度过高，PCM会吸收并储存热量，使温度降低到合适的范围内，并在温度过低时将所储存的热量释放出来用于提高温度，由此实现温度的合理调节。通过PCM实施电池热管理可以降低液冷系统的使用频率，使电池包的热管理变得更加高效。特斯拉的Model S车型就使用了PCM电池热管理，其热管理系统架构如图6-1所示。

为了外部能源的供应，有源热管理技术往往需要在电池系统上增添对应的部件，使电池系统的构造变得更加复杂，而无源热管理技术则不存在这一问题，其电池系统的设计较为简单。相较于有源热管理技术，无源热管理技术也存在缺点，主要是在温度控制的精确性和反应速度上有所不及。所以，无源热管理技术一般不会单独使用，而是由其他的热管理方法作为补充，形成更加完善的热管理方案。

（3）热管理软件与智能控制系统

热管理软件和智能控制系统同样在动力电池的温度控制中发挥着重要的作用。以特斯拉为例，其智能控制系统可以对电池模块的温度做出实时监控，对功率输出实施相应的调整，电池温度过高时使用更低的功率输出，温度过低时使用更高的功率输出。这样可以控制电池温度不超出适当的范围，防止出现过热或过冷的情况，在各种条件和使用场景下维持电池的性能和运行状况，使电池拥有更长的使用寿命。

特斯拉配置有云连接技术，车辆借助这一技术可以实时获取气象和交通方面的信息，为电池热管理提供重要参考。比如，即将出现高温天气或即将进入高温地区，智能控制系统就能够提前做出应对，对电池进行冷却来抵御高温，防止电池受到损害。

总之，在新能源汽车动力电池系统中，热管理软件和智能控制系统扮演着非常重要的角色，可以实现电池温度的有效控制，在车辆可靠性和用户驾驶体验上起到很大的积极作用。

6.1.3 动力电池热管理发展方向

（1）液冷与气冷系统融合

结合液冷和气冷系统，实现两者的优势互补，将是电池热管理系统未来的发展方向，这将对电池系统的性能和可靠性产生很大助益。液冷系统的优势体

第 6 章 动力电池热管理技术

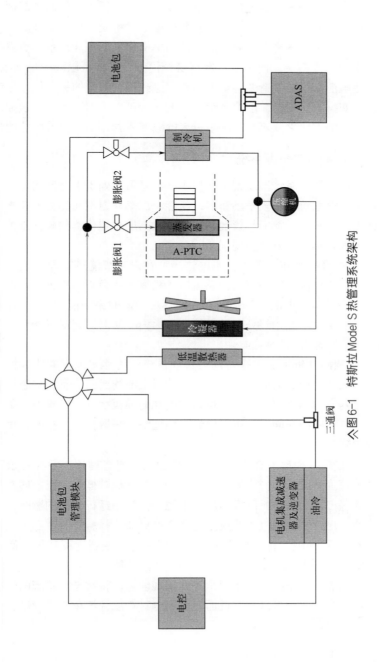

▲图6-1 特斯拉 Model S 热管理系统架构

现在高功率充电和放电过程中，可以在短时间内大量吸热和放热。不过液冷系统的缺点在于有较高的能耗，而且液冷系统的运行需要借助冷却剂，冷却剂的注入和分发要用到管道和泵，这就使得电池系统变得更加复杂。

液冷系统与气冷系统融合后，高功率操作仍旧由液冷系统负责，低功率操作则交给气冷系统，两者各自发挥自身优势，这样可以减少电池系统的能耗，同时使电池系统的构造变得更加简单。这一融合方案的另一作用是让电池系统的温度变得更加均衡，液冷系统产生的热量可以由气冷系统分散掉，这样电池单体和电池模块之间不至于出现过大的温度差异，从而保持电池的性能。

（2）智能热管理系统

智能热管理系统涉及智能化技术，这是目前处于上升期的技术领域，因此智能热管理系统存在较多创新点，新能源汽车动力电池热管理技术的创新可以由此入手。未来，智能热管理系统将会从高度智能化、预测性维护、自适应控制和远程升级四个方面实现创新。

① 高度智能化。随着技术的进步，在未来智能热管理系统的智能化将会达到更高的层次，所采用的传感器技术和算法将会更加先进，可以监测多种对象的状态，包括电池、车辆以及外部环境。同时系统能对温度做出主动控制，使电池的工作温度始终处于适宜的范围之内，从而达到降低能耗、保持电池性能、延长电池寿命的目的。

② 预测性维护。未来智能热管理系统将能够实现预测性维护功能，系统内储存电池的历史数据，同时又持续地对电池的当前信息和状态进行检测，综合参考两方面的数据和信息，可以对电池的健康状况作出较为准确的预测。如果发现电池的潜在问题，可以做到未雨绸缪，采取预防性措施，尽可能降低问题的影响。

③ 自适应控制。在未来，智能热管理系统将具备对各种复杂驾驶条件和环境的较强适应能力。比如，遇到极端高温或极端低温，它能够对电池实施相应的降温或升温操作，降低温度对电池的性能和运行状况的影响，增强电池的可靠性，也让新能源汽车的应用场景变得更加多样。

④ 远程升级。智能热管理系统在将来可以做到远程升级，使用户可以跟上技术演进的步伐，第一时间享受到最新的功能。

智能热管理系统从以上四个方面实现创新，将对电池系统的性能、可靠性和使用寿命产生积极影响，进而提高用户对新能源汽车的接受度，扩展新能源汽车的使用范围。

（3）固态电池热管理

与液态电池相比，固态电池在能量密度、使用寿命和安全性上存在优势，然而在热管理上也要面对较大的挑战。

能量密度越高，在高功率充放电过程中产生的热量也就越多，从而对散热提出了更高的要求。为了应对高温工作环境，固态电池系统需要达到更好的散热效果，为此可以选用更有利于散热的电池包结构和材料。保持电池单体和模块间的温度均衡，是固态电池所要应对的关键课题，对此智能温度传感器和热散射材料是可用的选项。

为了更好地实现温度均衡，分段式散热结构或许会成为固态电池包的未来发展方向，相变材料或者是其他热管理技术也会为电池温度的控制提供帮助。另外，智能控制系统以先进的传感器技术和控制算法为依托，对电池温度进行实时监控，并在不同的驾驶条件和环境下作出相应的调整。

电池能量密度的提升对固态电池热管理技术提出了更高的要求，高效散热设计、温度均衡性、结构和材料两方面的电池包设计、智能控制系统，将是固态电池热管理在未来的主要技术增长点。

6.2 动力电池散热系统与原理

6.2.1 空气冷却系统

近年来，新能源汽车快速发展，电动汽车动力系统的功率越来越高，电池组密度也得到了提升，与此同时，用户对充电速度的要求日渐升高，电池在充放电时均需使用大电流，因此电池在充放电过程中所产生的热量也更多。为了确保电动汽车整体性能的稳定性，汽车行业需要对电池热管理系统进行优化升级，让电池在低温环境中能够加热并保温，在高温环境中能够及时散热，提高电池温度的稳定性和均衡性。

电池散热系统也可称作"冷却系统"，通常可按照传热介质划分成空气冷却系统、液体冷却系统、热管冷却系统和相变材料冷却系统四种类型，如图6-2所示。

下面首先对空气冷却系统进行简单介绍。

根据冷却结构的不同，空气冷却系统可被分为主动式冷却系统和被动式冷却系统，其结构如图6-3所示。空气冷却系统应用十分广泛，且能够与车辆的形式特性设计协同作用，借助自然风或风扇来为电池散热。

具体来说，使用自然风散热的成本和操作难度都较低，但同时也存在风力不可控的不足之处。使用风扇运转产生的强制气流来散热具有可靠性强、维护

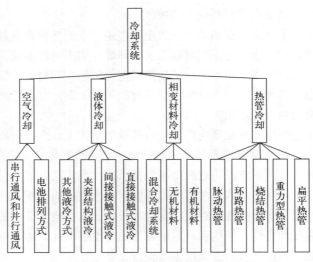

△图6-2 动力电池冷却系统分类

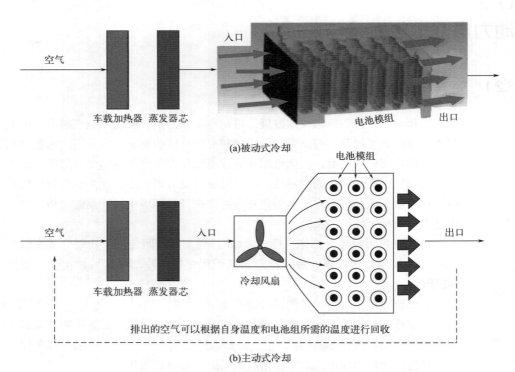

△图6-3 空气冷却系统结构示意图

难度低等优势，是新能源汽车电池组常用的一种散热方式，但由于电池内部温度分布不均，风扇散热的冷却效果也存在一定的局限性。

空气冷却系统的优势主要体现在安全性高、可靠性强、材料简单易得、通风及时有效等方面，但与液体冷却系统和相变材料冷却系统相比，空气冷却系统的降温能力较低，且只能在低密度电池中发挥作用。当新能源汽车处于运行状态时，电池组会产生大量热量，为了确保电池安全，提升汽车的性能和驾乘人员的舒适性，汽车中需要装配更大的主动式空气冷却系统来帮助电池及时散热。

电池的形状、结构和排列方式，电池模组和单体的间距，以及风扇的风速，都会对电池的热行为产生影响。如图6-4所示是一位学者的研究实验，其中用到的电池组包括32个18650圆柱形锂离子电池。实验主要用来测试空气冷却系统的冷却性能，采用的实验变量有空气流速、电池放电倍率、对流空气温度，以及空气冷却系统的结构（包括对齐、交错、交叉三种）。

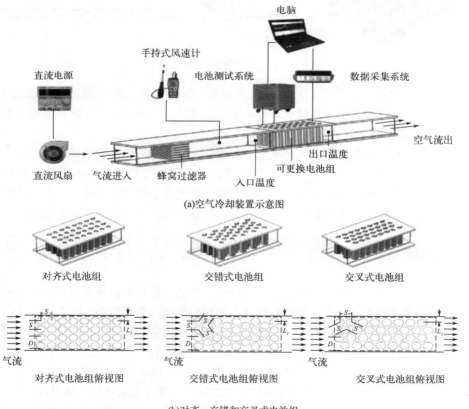

(a) 空气冷却装置示意图

(b) 对齐、交错和交叉式电池组

△图6-4 电池结构设计和空气冷却技术装置图

根据实验结果，当电池采用对齐排列的结构时，能够获得最好的冷却效果，此时温度的均衡性也处在最理想的状态。此外，与交错和交叉结构相比，对齐结构的功耗情况也最好，其功耗比另两种结构低23%。另有研究结果显示，风速的升高并不会使空气冷却系统能效持续提高，两者反而有可能呈负相关，由此可见，空气冷却技术的冷却能力并不是无限上升的。

在空气冷却系统中增添二级流道，可以获得更低的最大温度和更小的温差，提高冷却系统的散热性能。微型热管阵列（micro heat pipe array，MHPA）就是一种二级散热流道，其结构如图6-5所示。

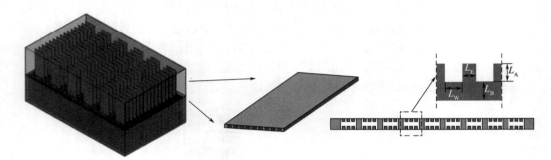

△图6-5　微型热管阵列结构图

根据仿真结果，冷却通道中安装了MHPA等二级流道结构的散热系统，对于幅度较小的温度波动有着更敏锐的感知，而当电池出现瞬态偏移或不稳定的情况时，其响应速度也更快。

空气冷却技术曾经在电池中有着较为广泛的应用，然而其本身存在一定的缺陷，包括空气热导率低，要花费较长的时间进行冷却，不能充分地利用空间，防水和防尘性能不好。如今使用较多的方形和软包电池，其排列结构比较紧密，空冷技术受自身短板所限难以被这类电池视作散热系统的可用选项。

6.2.2　液体冷却系统

与空气冷却系统相比，液体冷却系统的比热容和热导率更高，能够有效提高电池组能量密度，增强新能源汽车对电池的热管理能力。

液体冷却系统可分为多种类型，按照散热结构划分，液体冷却系统包括以下两种类型：

① 主动式：以液体与液体对流的方式来对电池进行散热。
② 被动式：通过冷却液与空气之间的热量交换来降低电池温度。

按照冷却液和电池之间的接触方式划分，液体冷却系统包括以下两种类型：

① 直接接触式：冷却液直接接触电池或电池模块，该系统的散热能力强于空气冷却系统。一般来说，该系统所使用的冷却液具有绝缘和热导率高的优势，但流动性较差的缺陷也会在一定程度上影响该系统的散热效果。

② 间接接触式：冷却液装在翅片或热沉当中，不直接与电池或电池组接触。一般来说，装配在圆柱形电池中的间接接触式液体冷却系统大多为环形夹套式结构，冷却液通常为热导率高的液体材料，该系统可以借助装在翅片或热沉当中的冷却液来降低电池温度。

液体冷却系统具备良好的散热能力，能够降低电池的工作温度，缩小电池组的局部温差，但同时也存在结构复杂度高、质量较大、漏液、维护需求大等问题。新能源汽车热管理系统在电池工作条件和热管理方面的要求较高，空气冷却系统的降温作用有限，此时液体冷却系统的散热方式更适合电动汽车热管理。

现阶段，相关研究人员正尝试将液态金属、纳米流体等液体作为冷却液，以便进一步提高液体冷却系统的散热能力。在液体冷却通道设计方面，为了降低电池放电后的最高温度，大多数液体冷却系统都设置了多个冷却液通道，相关研究人员也在不断对冷却液通道结构和液体冷板进行优化，并为液体冷却系统配备小翼结构的冷却通道，从而提高系统的散热能力，加强对电池组各部分之间温差的控制。

6.2.3　热管冷却系统

热管（heat pipe，HP）是一种常见于工业领域的换热元件，通常由封闭式金属管、吸液芯和端盖三部分构成，能够在管内壁的吸液芯毛细多孔材料中充满冷却液，将管内的冷却液体作为吸热和放热的介质，并在此基础上实现高效换热。

从原理上来看，当热管蒸发端所处环境的温度升高时，管内介质会受热蒸发并流向冷凝端，到达冷凝端的介质散热后会液化并流向蒸发端，进而达到降低温度的效果。由此可见，热管中的介质可以在蒸发端和冷凝端循环往复，将电池产生的热量进一步散发到外界空气中，进而达到降低电池温度的目的。

热管冷却系统具有导热性好、恒温性强、环境适应能力高、热流密度可变性强、热流方向可逆性高等优势，能够在电子设备散热方面发挥重要作用。

与其他冷却系统相比，热管冷却系统的传热能力更强，但同时系统的热效率也会受到各项相关因素的限制，并不能无限增大热负荷。一般来说，热管的传热极限与热管形状、工作介质、周边环境以及内部吸液芯的结构等因素相关，当热管已经达到传热极限时，传热量将停止增长。影响热管传热的极限因素如图6-6所示。

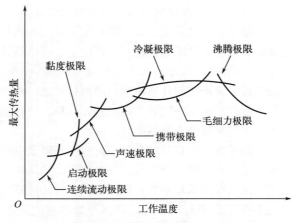

△图 6-6　影响热管传热的极限因素

现阶段，热管冷却系统已经被广泛应用于电子设备散热领域当中，但由于热管存在容量小、接触面积小等不足之处，若热管数量较少，则会出现大型电池组散热不及时的情况，进而导致电池出现安全问题，除此之外，热管还不具备加热电池组的功能。

6.2.4 相变材料冷却系统

PCM 的物理状态受温度影响，且具有潜热大、稳定性强、体积变化小等优势，能够在温度变化时通过相变来大量吸收或释放热量。

就目前来看，常用的 PCM 大致可分为三大类，分别为有机材料、无机材料和共晶材料。其中，有机材料主要涉及石蜡和石蜡化合物，如硬脂酸和长链烷烃等；无机材料主要涉及水合盐、金属等材料；共晶材料指的是由两种及以上具有特定原子比的有机化合物和无机化合物混合而成的材料，大多具有熔点高和潜热高的特点。相变材料在动力电池中的应用如图 6-7 所示。

PCM 冷却系统可以凭借 PCM 的高潜热能力来进行热量转换，但当温度高于 PCM 的熔点时，系统将会出现冷却性能不足的问题。为了确保 PCM 冷却系统长期有效，相关研究人员需要对该系统进行优化升级，通过 PCM 与常用冷却方法进行耦合的方式将 PCM 系统升级成新的混合系统。具体来说，当 PCM 被填充到电池和热管的空隙中时，PCM 冷却系统则会升级为 PCM 耦合热管系统，这种混合系统既可以利用 PCM 进行固液相变蓄热，也可以借助热管进行液汽传热，具有更强的散热性能。

随着新能源汽车行业的快速发展，汽车电池的市场需求不断增长，人们在功率、能量密度和充电效率等方面对电池的要求也越来越高，新能源汽车行业

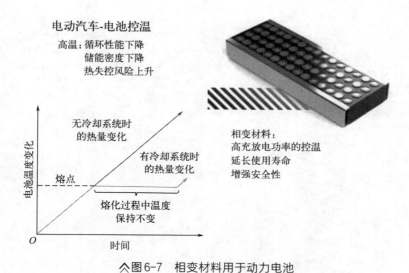

△图6-7 相变材料用于动力电池

需要提高对电池热管理的重视程度,加大电池热管理系统的开发力度。在能耗和结构方面,PCM冷却系统展示出了低能耗和强耦合的优势,相关研究人员可以进一步提高PCM冷却系统的商业应用性,推动PCM冷却系统在新能源汽车行业的应用。

从实际操作上来看,相关研究人员需要先找到高热导率的PCM,再围绕PCM展开设计工作;同时也要综合应用其他各类散热系统,提高PCM冷却系统与其他散热系统之间的协调性,以便确保电池热管理系统可长期使用。

第 7 章

新能源汽车充电系统

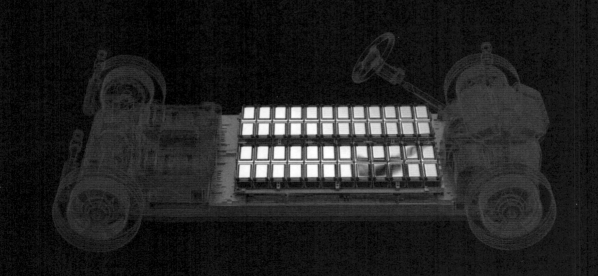

7.1
新能源汽车电池充电系统概述

7.1.1 电池充电的常见方式

与传统燃油车的供能方式不同，新能源汽车的充电需要一定的时间。因此，新能源汽车充电系统的充电效率就成了影响车辆性能和用户体验的关键要素。

新能源汽车充电系统架构如图7-1所示。从架构上来看，新能源汽车充电系统主要包含高压网络、低压网络和通信网络三部分。其中，高压网络可分为快充高压网络和慢充高压网络。具体来说，快充高压网络连接着动力电池、快充接口、电源分配单元（power distribution unit，PDU）和外部直流充电桩；慢充高压网络可以利用车载充电机（on board charger，OBC）将来源于交流慢充充电桩的交流电转化为直流电，并将这些直流电输送给动力电池。低压网络可以利用DC转换器将来源于动力电池的高压电转换为12V/24V的电流，为蓄电池充电。

低压蓄电池可以为电池管理系统（battery management system，BMS）、整车控制器（vehicle control unit，VCU）和仪表等电器供电，当这些系统和电器处于工作状态时，新能源汽车充电系统可以借助硬线信号或报文信号来控制OBC和DC转换器，同时也可以在这两项设备工作的整个过程中利用控制器局域网络（controller area network，CAN）信号来进行信息交互，并监控充放电过程，对充放电过程中的电压和电流等各项相关参数进行动态调控，确保电池充放电的安全性和稳定性。

具体来说，新能源汽车电池充电方式主要包括以下几种，如图7-2所示。

（1）常规充电

常规充电是指采用恒压、恒流的方式来为电池充电。这种方式的充电电流很小，仅有15A左右，具有成本低和稳定性强等优势，但同时也存在充电速率低的不足之处。就目前来看，这种充电方式在电动汽车中的应用较为广泛。

（2）快速充电

快速充电是指采用150～400A的高充电电流快速为电池充电。这种充电方式充电速度快，能够在短时间内将电池充满，但同时电池内部的化学反应更为剧烈，电池的发热量也很大，因此电池使用寿命较短，后期更换成本较高，除此之外，制造成本和安装成本相对较高。

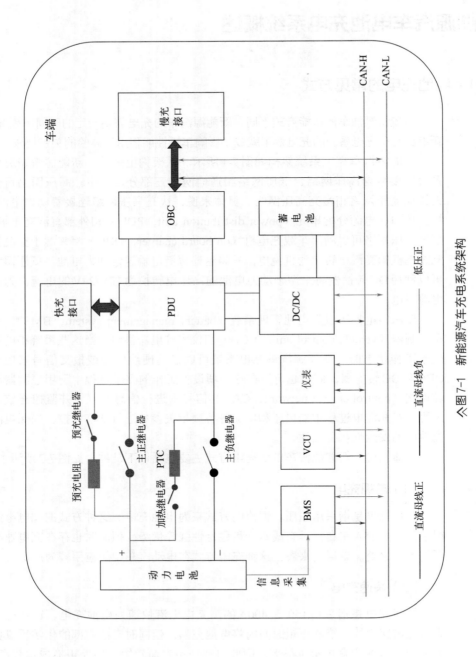

△图7-1 新能源汽车充电系统架构

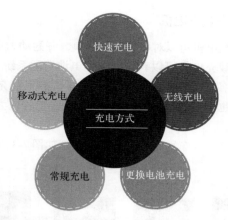

▲图7-2　新能源汽车电池的充电方式

（3）无线充电

无线充电是指通过将电能转化成符合现行技术标准要求的特殊激光或微波束的方式来为电池充电，使用这种方式进行充电的新能源汽车需要装配接收器，并以此为接入口来获取能量。

（4）更换电池充电

更换电池充电是指用完全充电的电池或电池组来替换完全放电的电池或电池组。在使用更换电池的方式来充电的新能源汽车中，电池的所有者大多是厂家或品牌经销商，车主需要从这二者处租用电池来为车辆供能。

（5）移动式充电

移动式充电是指处于行驶状态下的新能源汽车借助路面下的充电系统进行充电。这种方式可以打破续航里程对新能源汽车落地应用的限制，但同时也存在落地难度较大的问题，尤其是在充电系统建设方面，需要得到政府的支持。

7.1.2　充电系统的基本组成

新能源汽车充电系统能够向动力电池输送能量，支撑动力电池正常运行，同时也能采集电池的电量和充电环境等信息，并据此对充电电流进行调整，确保充电过程的安全性和稳定性。

具体来说，新能源汽车充电系统主要由车载充电机、车载充电接口、DC/DC转换器和高压线束等多项设备组成。

(1) 车载充电机

车载充电机可以对电流进行转换,并为动力电池充电。从实际作用过程上来看,车载充电机可以获取来源于电池管理系统(battery management system, BMS)的各项相关数据,并根据这些数据来对充电的电流和电压进行动态调整,同时也可以将充电电流从220V交流电转化为高压直流电,并为动力电池进行充电。

具体来说,车载充电机的工作原理如图7-3所示。

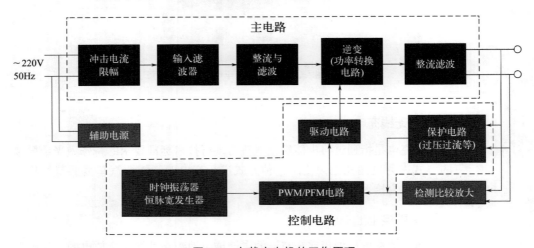

▲图7-3 车载充电机的工作原理

车载充电机主要包含主电路、控制电路、线束及标准件三个组成部分。

① 主电路即功率电路,主要由前端的全桥电路+功率因数校正(power factor correction,PFC)电路和后端的DC/DC转换器构成。其中,前端能够把充电电流从交流电转换为直流电,后端能够调整前端的直流高压电的电流和电压,确保充电电压和充电电流符合动力电池的要求。

② 控制电路可以充分发挥控制器的作用,控制金属-氧化物-半导体场效应晶体管(metal-oxide-semiconductor field effect transistor,MOSFET)的开关,并与BMS进行信息交互,对充电机的状态进行检测,在车辆与充电桩之间建立物理连接。不仅如此,控制电路还可以借助充电机控制主板来对主电路进行监测、计量、计算、控制、修正、保护和信息交互。

一般来说,车载充电机在为动力电池充电时需要先借助BMS来采集电池状态信息,并在此基础上实现对电池状态的判断,同时根据电池状态来对充电参数进行调整,并不能直接向电池中输入交流电。

③ 线束及标准件具有一定的连接作用,能够连接主电路和控制电路,以及固定元件和电路板。

（2）车载充电接口

充电接口是电池充电系统中的重要部件，具有连接活动电缆和新能源汽车的作用，主要包含充电插座和充电插头两部分，在电池充电过程中，二者可以通过结构耦合的方式来传输电能，进而达到为动力电池充电的目的。

① 控制导引电路：可支持电动汽车与供电设备进行信号传输或信息通信。

② 控制导引（control pilot，CP）功能：可监控电动汽车与供电设备之间的信息交互情况。

③ 连接确认（connection confirmation，CC）功能：可呈现出插头与车辆或插头与充电设备之间的连接情况。

④ 充电连接界面：在充电连接时依次连接保护接地触头、控制导引触头和充电连接确认触头，在停止充电时依次断开控制导引触头、充电连接确认触头和保护接地触头。

（3）DC/DC转换器

DC/DC转换器是一种电能转换设备，能够将直流电源转换成不同电压的直流电源。DC/DC转换器在电动汽车动力系统中发挥着十分重要的作用，具体来说，其既能为动力转向系统、空调和各类辅助设备提供电能，也能与超级电容协同作用，对电源输出情况进行调节，提高母线电压的稳定性。

一般来说，在为电动汽车选择DC/DC转换器型号时，汽车生产厂家需要先对用电设备进行分类，如长期用电设备、短时间歇用电设备、连续用电设备、附加用电设备等，再根据实际情况为各类设备赋予相应的权值，以便对供电需求进行计算。

（4）高压线束

高压线束是充电系统中的高压电源传输材料，能够连接电池包和电机，为电动汽车的电源传输和电能分配提供支持，通常涉及导线、绝缘材料、端子、连接器、保护管等部件。

新能源汽车高压线束主要由电池组线束、驱动电机线束和充电系统线束三部分组成。其中，电池组线束具有电源供应作用，能够通过控制器向电池传输电能；驱动电机线束具有动力输出作用和控制信号传输作用，能够通过控制器向电机传输电能；充电系统线束具有充电功能，能够将电能从充电设备传输到电动汽车当中。

7.1.3　充电系统的功能划分

具体来说，新能源汽车的充电系统可以按照功能划分为以下几部分。

(1) 低压充电系统

从工作原理上来看，在已有高压电的前提下，VCU会对低压电源进行检测，并在低压电源降低到一定阈值时利用硬线信号对DC/DC转换器进行控制，借助DC/DC转换器向蓄电池充电。从新能源汽车的充放电流程上来看，当车辆尚未连接充电桩时，车辆在正常上高压的情况下将会进入Ready（准备）或运行状态，同时也会在运行过程中为蓄电池补能，因此，当车辆蓄电池馈电时，驾驶员只需启动汽车就能够让蓄电池充满电。具体来说，低压充电系统示意图如图7-4所示。

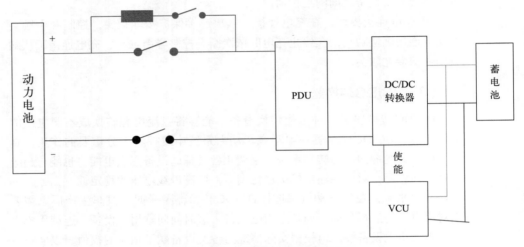

△图7-4 低压充电系统示意图

(2) 加热回路

动力电池的充电效率与温度之间存在直接关联，当新能源汽车在低温环境中充电时，系统会关闭主负极继电器和加热继电器，在电池内部打造出一个用于电芯加热的加热回路，并在电池温度上升到可正常工作的程度时开始进行充电。

低温下充电系统为电池加热提供能源如图7-5所示，在该架构中，新能源汽车动力电池中的电能来源于外部充电设备。一般来说，加热回路在动力电池供电时会产生一定的能源浪费，因此电池在低温环境中的充电功率较低，但对部分具有高度集成特点的热管理系统来说，其他各个回路所产生的余热也能够在一定程度上提高动力电池的温度，进而达到提高充电效率的效果。

(3) 慢充系统

当新能源汽车使用慢充系统来充电时，动力电池中输入的电能通常来源于

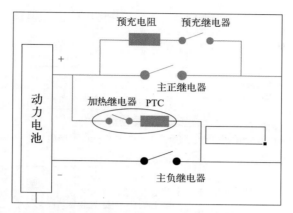

▲图7-5 低温下充电系统为电池加热提供能源

交流慢充充电桩。其工作流程如下：

① 新能源汽车在充电时要连接充电枪，并使用OBC来对电压和脉冲宽度调制（pulse width modulation，PWM）信号进行检测，掌握充电枪的实际连接情况；

② 当OBC确认充电枪与车辆已经完全连接后，系统会向BMS发出充电请求信号；

③ BMS则会在完成电池状态检测工作后将检测结果反馈给OBC，并在合适的阶段进行高压上下电；

④ OBC会对输出端进行检测，并在确认输出端的电压能够达到充电要求的前提下进入工作状态，此时，新能源汽车将正式开始充电。

具体来说，慢充系统控制节点交互流程如图7-6所示。

当新能源汽车使用慢充系统进行充电时，控制节点的低压电源中所输入的电能通常来源于OBC。

（4）快充系统

当新能源汽车使用快充系统进行充电时，动力电池中所输入的电能通常来源于直流快充桩。具体来说，直流充电接口连接界面如图7-7所示。

从工作原理上来看，快充系统与慢充系统之间存在许多相似之处，但新能源汽车在使用快充系统充电时无须OBC发挥作用，可以直接利用直流充电桩来向低压控制节点输入电能。

与慢充系统相比，快充系统使用BMS来完成原本由OBC负责的各项交互工作，且控制节点较少，能够有效提升控制系统的简洁性和高效性。

为了安全可靠地提高动力电池充电速度，新能源汽车充电系统应先进行恒流充电，再进行恒压充电。具体来说，系统应在动力电池处于不同的温度

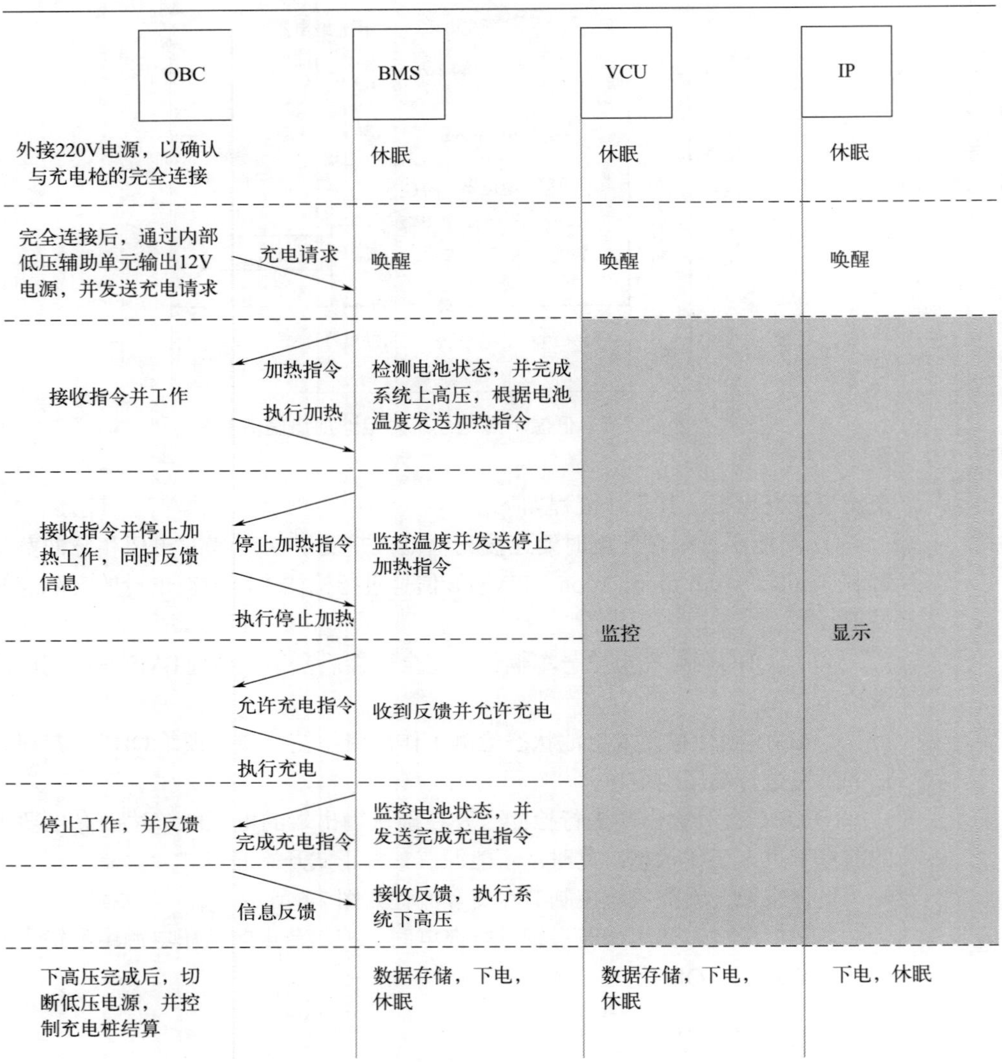

OBC	BMS	VCU	IP
外接220V电源,以确认与充电枪的完全连接	休眠	休眠	休眠
完全连接后,通过内部低压辅助单元输出12V电源,并发送充电请求 —充电请求→	唤醒	唤醒	唤醒
接收指令并工作 ←加热指令— —执行加热→	检测电池状态,并完成系统上高压,根据电池温度发送加热指令	监控	显示
接收指令并停止加热工作,同时反馈信息 ←停止加热指令— —执行停止加热→	监控温度并发送停止加热指令		
←允许充电指令— —执行充电→	收到反馈并允许充电		
停止工作,并反馈 ←完成充电指令— —信息反馈→	监控电池状态,并发送完成充电指令 接收反馈,执行系统下高压		
下高压完成后,切断低压电源,并控制充电桩结算	数据存储,下电,休眠	数据存储,下电,休眠	下电,休眠

△图7-6 慢充系统控制节点交互流程

当中时采用恒定电流来为其充电,随着电压越来越高,系统需要及时在总电压或单体电压上升到设定阈值时转换充电方式,使用恒定电压来为动力电池充电。

新能源汽车动力电池的充电过程大致可划分为三个阶段。第一个阶段为预充阶段,系统需要使用小电流来为电芯充电,通过加热和稳定电芯的方式来为电芯的安全提供保障;第二个阶段为主要充电阶段,此时的动力电池电量大多在20%～80%,系统需要使用恒定的大电流来进行充电,电池的电量会随着

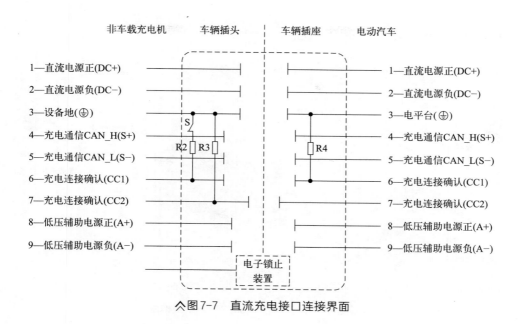

▲图7-7 直流充电接口连接界面

充电时间的延长不断上升，电池总电压也会随着电量增多而趋向某一阈值；第三个阶段为恒压充电阶段，为了确保电芯安全，系统需要控制电芯电压，使用恒压的较小电流来为电池充电。

具体来说，动力电池常见充电模型如图7-8所示。

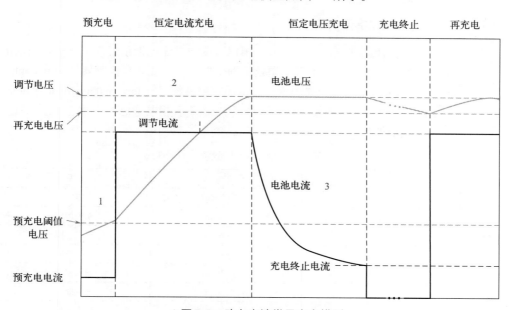

▲图7-8 动力电池常见充电模型

7.1.4 帝豪EV450的充电系统

吉利帝豪EV450的充电系统中包含多个组成部分，如图7-9所示。

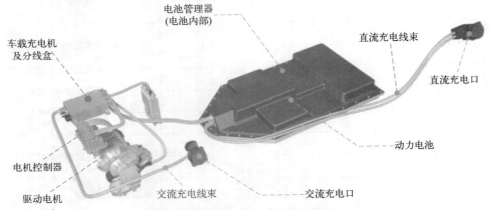

△图7-9 吉利帝豪EV450的充电系统构成

（1）充电接口

充电接口可按照充电类型划分为直流充电口和交流充电口两种，用户可以根据汽车的充电类型选择相应的充电接口并插入充电插头，在确定连接正确的前提下为汽车充电。吉利帝豪EV450的交直流充电接口如图7-10所示。

（2）充电指示灯

充电指示灯在充电接口上方，用户可以通过充电指示灯来了解车辆当前的充电状态。一般来说，不管电源处于哪个挡位，只要车身控制器（body control module，BCM）接收到来源于动力电池管理系统（battery management system，BMS）的充电状态信息，充电指示灯就会显示充电状态。充电指示灯颜色、状态及说明如表7-1所示。

表7-1 充电指示灯颜色、状态及说明

颜色	状态	说明
白色	长亮2min	充电照明
黄色	长亮2min	充电加热
绿色	闪烁2min	充电过程
蓝色	长亮2min	预约充电
绿色	长亮2min	充电完成
红色	长亮2min	充电故障
蓝色	闪烁2min	放电过程

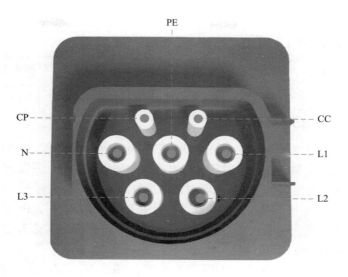

(a) 交流充电口

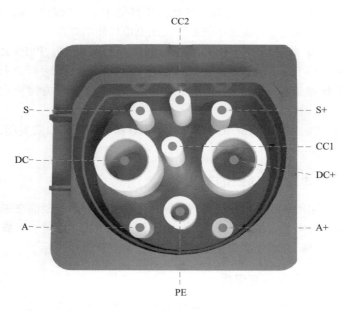

(b) 直流充电口

图7-10 吉利帝豪EV450的交直流充电接口

从充电指示灯的控制流程上来看，首先，BMS会向BCM发送信号；然后，BCM对充电指示灯进行控制；最后，充电指示灯根据信号中所传达的信息显示出相应的状态。具体来说，充电指示灯控制流程如图7-11所示。

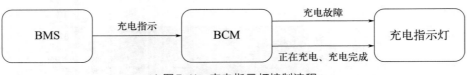

图7-11 充电指示灯控制流程

（3）充电口照明灯

① 当电池处于未充电状态且充电口盖已打开时，BCM会对充电口照明灯进行控制，以方便用户向充电接口中插入充电枪，并在充电枪插入接口3s后关闭充电口照明灯，照明时间通常为3min。

② 当充电口盖已打开且车门由关闭变为打开时，BCM会控制充电口照明灯开启，照明时间为3min，并在电池转变到充电状态3s之后控制充电口照明灯或充电口盖关闭。

③ 当电池处于OFF挡且充电口盖已打开时，无钥匙进入和启动系统（passive entry passive start，PEPS）会向BCM发送解锁信息，BCM在接收信息后会对充电口照明灯进行控制，使其处于工作状态3min，并在接收到车辆上锁信息或充电口盖关闭信息时关闭充电口照明灯。

④ 当电池处于OFF挡且充电口盖已打开时，PEPS会向BCM发送遥控寻车信息，BCM在接收到信息后会对充电口照明灯进行控制，使其处于工作状态3min，并在接收到车辆上锁信息3s后关闭充电口照明灯或充电口盖。

⑤ 在任何情况下，充电口照明灯都会在充电口盖关闭或车速超过20km/h时马上关闭。

（4）家用随车充电枪

家用随车充电枪主要用于家用随车交流充电，能够在车辆电量不足时起到应急充电的作用。一般来说，家用随车充电枪主要包含三脚充电插头、充电枪指示灯、充电插头和充电线缆四部分，如图7-12所示。

（5）车载充电机

车载充电机指的是固定安装在电动汽车中的充电机，主要用于为车辆的动力电池充电。在吉利帝豪EV450当中，车载充电机位于车辆前舱右侧，主要包含车载充电系统和高压配电系统两部分，其结构如图7-13所示。

7.1.5 帝豪EV450的充电原理

在吉利帝豪EV450汽车当中，车载充电系统可实现快充（直流高压充

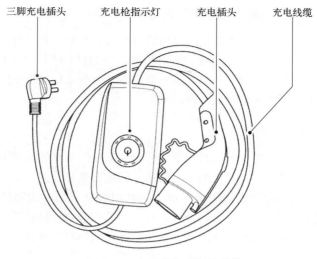

△图 7-12 家用随车充电枪结构

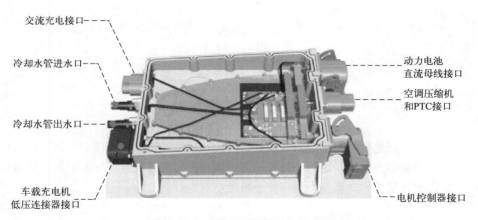

△图 7-13 车载充电机的结构示意图

电)、慢充(交流高压充电)、充电锁、低压充电、智能充电和制动能量回收等多种功能。

(1) 快充(直流高压充电)

当用户将直流充电设备插入整车直流充电口进行充电时,设备将会向 BMS 发送充电唤醒信号,BMS 在接收信号后会按照该设备所装配电池的可充电功率生成相应的充电电流指令,并将该指令信息发送给直流充电设备,直流充电设备与电池两极的高压继电器吸合,以便向动力电池充电。一般来说,快充的充电速度较快,为电池完全充电所需花费的时间较少。

（2）慢充（交流高压充电）

当用户对汽车的动力电池进行慢充时，车载充电机会对交流充电接口的充电枪插入信号和导通信号进行检测，并启动BMS，由BMS来控制车载充电机为动力电池充电，同时关闭主继电器，一般来说，慢充的充电速度较慢，为电池完全充电所需花费的时间较多。

（3）充电锁

在充电枪与充电接口连接的前提下，汽车驾驶员只需按一下智能钥匙闭锁按钮就可以打开充电枪防盗功能，防止充电枪丢失。从作用过程上来看，当驾驶员按下智能钥匙闭锁按钮后，BCM会接收到智能钥匙闭锁信号，并借助控制器局域网（controller area network，CAN）总线将该信号传输给车载充电机，以便及时锁住充电枪。充电枪锁功能原理如图7-14所示。

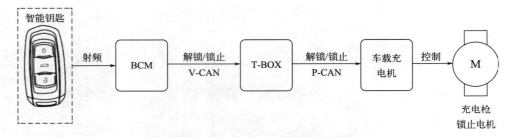

△图7-14 充电枪锁功能原理框图

当充电枪被锁住时，驾驶员需要先按压智能钥匙解锁按钮，待充电枪解锁后再拔出充电枪，若驾驶员无法通过电动解锁的方式为充电枪解锁，则需拉动机械解锁拉索，该拉索通常位于机舱左前大灯处。

（4）低压充电

吉利帝豪EV450的低压电路系统中包含12V铅酸蓄电池、电池控制机、车载充电机和动力电池等多个部件，可实现低压充电功能。一般来说，当车辆即将进入高压上电状态时，低压电路系统需要使用12V铅酸蓄电池进行供电；当车辆正处于高压上电状态时，电机控制器会对电流进行转化，确保12V铅酸蓄电池所使用的充电电流为低压直流电。高压直流电转换为低压直流电的框图如图7-15所示。

（5）智能充电

吉利帝豪EV450的整车控制器（vehicle control unit，VCU）具有电压监控功能，能够在车辆停放过程中持续监控蓄电池的电压，并在监控到电压达不

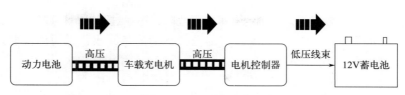

图7-15 高压直流电转换成低压直流电框图

到设定值时开启BMS，利用电机控制器通过DC/DC转换器来向低压蓄电池充电，防止车辆的低压蓄电池出现供电异常等情况，其工作原理如图7-16所示。

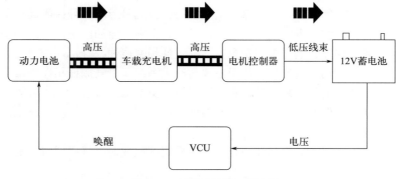

图7-16 智能充电的工作原理

（6）制动能量回收

当车辆处于滑行或制动状态时，能量回收系统可以转换电机状态，让电机通过发电的方式将动能转化成电能，并将这些能量储存到动力电池当中，其工作原理如图7-17所示。

在车辆充电系统回收制动能量的过程中，电机会将车轮转动产生的动能转化为电能，并使用这些电能来为电机控制器供能，而电机控制器则会对充电电流进行转换，确保动力电池的充电电流为直流电。从能量传递的过程上来看，能量在回收和消耗时所经过的传递路线完全相反。

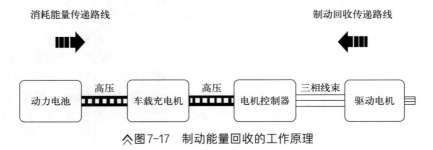

图7-17 制动能量回收的工作原理

一般来说，当电动汽车出现故障、车速过高、车速过低或电池电量过高等问题时，VCU可能不会继续进行制动能量回收，进而产生弱化减速感觉的情况。

7.2 交流充电系统的组成、原理与控制策略

近年来，纯电动汽车快速发展，并凭借节能、环保等优势不断扩大应用范围，同时纯电动汽车的充电需求迅速上涨，电动汽车行业需要积极采取相关措施，保障车辆充电的安全性、高效性和便捷性。

电动汽车的充电情况主要与充电系统、电气原理和控制策略有关。从充电方式上来看，纯电动汽车既可以使用交流电进行慢充，也可以使用直流电进行快充，但使用不同充电方式的纯电动汽车通常具有不同的充电系统、电气原理和控制方式。

下面我们简单介绍交流充电系统的组成、电气原理与控制策略。

7.2.1 交流充电系统的组成

一般来说，电动汽车充电时所使用的交流电通常为220V AC单相电或380V AC三相电。从交流充电的过程上来看，当电动汽车的充电接口与充电桩连接时，交流电会经过标准充电插头和充电插座进入车载充电机当中，经过车载充电机的处理，交流电将会变为直流电，并以直流电的形式为电动汽车的动力电池充电。

从充电系统的组成上来看，交流充电系统主要包含充电线、车载充电机、交流充电插座、车辆控制器、交流充电桩或220V交流电源等部件。

具体来说，交流充电系统的组成如图7-18所示。

充电线是电动汽车随车配送的充电工具，车载充电机和交流充电插座是安装在电动汽车上的充电设备，车辆控制器指的是整车控制器（vehicle control unit，VCU）和电池管理系统（battery management system，BMS），交流充电桩是安装在停车场的充电设施。具体来说，这些交流充电部件的作用如下：

① 充电线可以连接电动汽车和外部电网，并借助交流充电插座从外部向电动汽车的车载充电机中输入交流电。充电线上的功能盒能够对车辆和外部电网的状态进行检测，并在检测到异常情况时及时断电，防止出现安全事故，从而达到保护车辆安全的目的。一般来说，模式2充电线的输入电压为220V

第 7 章 新能源汽车充电系统

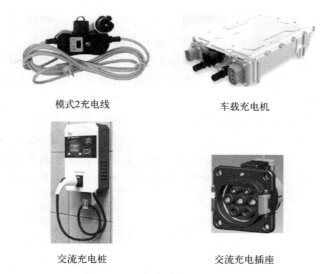

模式2充电线　　　车载充电机

交流充电桩　　　交流充电插座

图7-18　交流充电系统的组成

AC，充电电流低于13A，当电动汽车使用模式2充电线进行充电时，车载充电机的最大功率将达到2860W，同时车辆的充电时间也会变长。

② 车载充电机能够根据控制指令对电流进行转化，一般来说，输入车载充电机的电流为交流电，从车载充电机中输出的电流为直流电。

③ 交流充电插座是符合国家标准的充电设备，能够通过充电线连接电动汽车和外部电网，其共有7个接口，具体包含2个信号回路、1个接地回路、1个零线回路和3个火线回路。一般来说，当输入电压为220V AC或380V AC时，电动汽车应与火线接口相连接。

④ 车辆控制器具有一定的监控和检测功能，能够实时监控车辆状态，检测各项相关数据，并据此向车载充电机发送控制指令，实现对车辆工作状态、工作电流和工作电压的有效控制。

⑤ 交流充电桩是连接电动汽车和外部电网的充电设施，具备检测车辆和外部电网状态的功能，能够根据检测结果判断是否需要断电。一般来说，交流充电桩的供电电压为220V AC或380V AC，具体供电电压与输出功率有关，当交流充电桩的输出电流低于32A时，供电电压则为220V AC，当交流充电桩的输出电流超过32A时，供电电压则为380V AC，由此可见，交流充电桩的充电时间和充电功率之间存在反比关系。

7.2.2　交流充电系统的电气原理

在我国《电动汽车传导充电系统　第1部分：通用要求》（国标GB/T

18487.1—2023）中，定义了四种充电模式。

模式1：电动汽车直接连接至交流电网。

模式2：电动汽车采用缆上控制与保护装置（IC-CPD）连接至交流电网。

模式3：电动汽车使用专用的供电设备（如：壁挂式充电桩）连接至交流电网。

模式4：电动汽车通过直流供电设备（如：直流充电桩）连接至电网。

其中，模式1、模式2、模式3均为交流充电模式，模式4为直流充电模式。由于模式1缺乏防电击保护，无法保证充电的安全性，因此已经被禁用。模式2、模式3充电的电气原理分别如图7-19、图7-20所示。

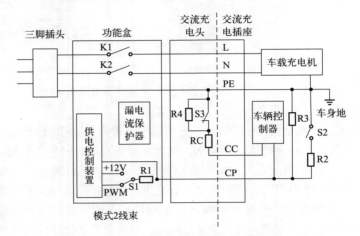

◆图7-19 模式2充电的电气原理图

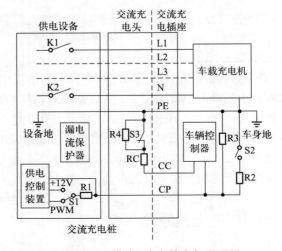

◆图7-20 模式3充电的电气原理图

《电动汽车传导充电系统 第1部分：通用要求》（国标GB/T 18487.1—2023）是我国对电动汽车非车载传导充电供电设备进行规范的一项国家标准。交流充电的电气原理图、检测和控制均必须符合该标准中的各项相关要求。同时，为了为用户提供方便，相关开发人员也要根据汽车厂商的要求来增添或调整交流充电系统的功能，例如，为交流充电系统增加充电提示或充电进度显示功能后，用户可以更直观地了解车辆当前的充电状态。

交流充电系统可以根据连接确认（CC）信号来判断充电插头与充电插座之间的连接情况，也可以根据控制导引（CP）信号来判断电动汽车当前所连接的供电设备的供电能力。电动汽车可以采集CC信号的信号值数据，并据此得出RC阻值和线束容量等相关数据信息；也可以采集脉冲宽度调制（pulse width modulation，PWM）的数据，并据此确定电动汽车当前所连接的供电设备的供电能力。

一般来说，汽车企业的相关工作人员应确保电气原理图中所有的电阻值和PWM值都符合国家标准，同时也要根据国家标准来对控制器进行判断，从而确保研发的交流充电系统能够充分满足电动汽车的充电需求。

7.2.3 交流充电系统的控制策略

从交流充电方式的电气原理图上来看，模式2和模式3存在许多相似之处，但同时二者在外部电网的交流供电方式方面也存在一定的差异。具体来说，交流充电的控制策略主要涉及以下几项内容：

① 交流充电系统可以利用车载充电机来对CC信号和CP信号进行检测，并根据检测结果来判断充电线的容量和供电设备的供电能力。

② 当电动汽车未处于工作状态且充电插头与充电插座相连接时，交流充电系统可以借助车载充电机来实现对CC信号和CP信号的检测，同时车载充电机也可以根据实际信号检测情况来实现自唤醒。

③ 当车载充电机已实现自唤醒后，还会进一步唤醒车辆控制单元（vehicle control unit，VCU）和蓄电池管理系统（battery management system，BMS）。

④ 当车载充电机已唤醒VCU和BMS后，将会以交流充电的方式来为电动汽车充电，同时也会对电动汽车当前的状态进行检测，以便及时发现车辆故障和电量不足等问题。

⑤ 车载充电机可以向BMS传输充电线束状态信息和供电设备信息，在数据信息层面为BMS的蓄电池管理工作提供支持。

⑥ 在接收到来源于车载充电机的充电线束状态信息和供电设备信息后，BMS将会根据信息中所传达的内容向车载充电机发送充电或断电指令。

⑦ 交流充电系统中的供电控制装置可以从CP信号中获取车辆状态信息，并据此判断是否继续为车辆供电。

⑧ 在接收到来源于BMS的指令后，车载充电机将会根据指令内容选择进入工作状态或停止工作。

为了确保电动汽车充电的安全性，用户在将充电插头插入充电插座时应确认已完全插好，同时，电动汽车和交流充电桩也会检测充电接口的连接情况，并在确认电动汽车与充电桩之间连接完好后开始充电。

从操作方式上来看，电动汽车交流充电的操作具有复杂度低、便捷度高等特点，当用户为电动汽车充电时，只需将连接电动汽车的充电线的插头插入交流充电桩的插座即可。

对于处于充电状态的电动汽车，当外部电网未向车辆供电时，为了降低电量消耗，车辆会自动进入休眠状态。当外部电网开始向车辆供电时，车辆的交流充电系统将会自动进入工作状态，及时检测车辆当前的电量情况，并根据检测结果来判断是否继续为车辆充电。如果检测结果为电量已充满，那么交流充电系统和车辆都会停止工作，以便降低电量消耗，如果检测结果为电量未充满，那么交流充电系统将继续为车辆充电。交流充电过程如图7-21所示。

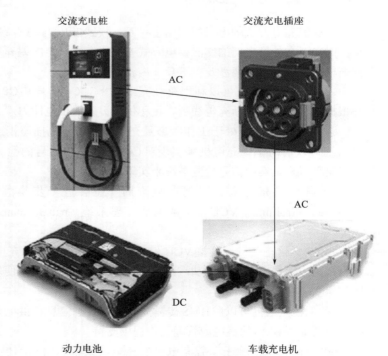

图7-21　交流充电过程

7.3 直流充电系统的组成、原理与控制策略

7.3.1 直流充电系统的组成

直流充电指的是直流充电系统借助直流充电桩向电动汽车中输入直流电。一般来说，当电动汽车采取直流充电的方式进行充电时，外部电网中的电流为380V AC的三相电，直流充电桩可以将其转化为直流电，并借助充电插座和充电插头将其输入到电动汽车的动力电池当中，进而达到为电动汽车充电的目的。

从充电系统的组成上来看，直流充电系统主要包含直流充电插座、车辆控制器和直流充电桩等部件。具体来说，直流充电系统的组成如图7-22所示。

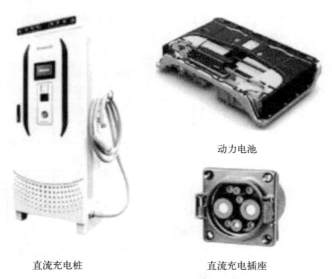

直流充电桩　　　　　直流充电插座

图7-22　直流充电系统的组成

直流充电插座是安装在电动汽车中的充电接口，与车辆的动力电池相连，同时也可以通过充电线接入外部电网；车辆控制器主要包括VCU和BMS；直流充电桩是安装在停车场中的充电设施。具体来说，直流充电系统中的各项部件主要具备以下作用：

① 直流充电插座：电动汽车与外部电网之间的接口，主要包括1个具备两个接口的控制器局域网总线（controller area network，CAN）通信回路、1个

具备两个接口的低压辅助供电回路、1个接地回路、两个信号回路、两个高压回路（包含1正1负），这些回路共有9个接口。除此之外，汽车行业还需确保直流充电插座符合国家标准。

② 车辆控制器能够对电动汽车的状态进行实时监控，并根据监控到的信息向直流充电桩发送控制指令，进而实现对直流充电桩的工作状态、输出电流和供电电压的有效控制。除此之外，汽车行业还需确保车辆控制器所发出的控制指令符合《非车载传导式充电机与电动汽车之间的数字通信协议》（GB/T 27930—2023）的要求。

③ 直流充电桩是停车场中的大功率充电机，能够将380V AC交流电转化为直流电，并借助充电插座和充电插头将直流电输入到电动汽车的动力电池中。一般来说，直流充电桩具有功率大的特点，能够快速完成充电，减少充电时间。

7.3.2　直流充电系统的电气原理

直流充电系统只能使用模式4来为电动汽车充电。具体来说，模式4直流充电的电气原理图如图7-23所示。

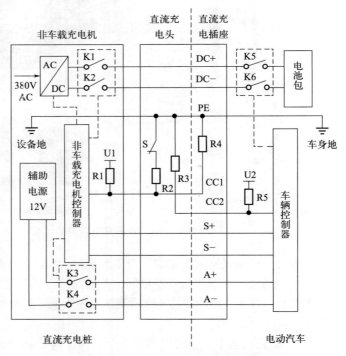

△图7-23　模式4直流充电的电气原理图

一般来说，直流充电的电气原理图、检测和控制都要符合《电动汽车传导充电系统 第1部分：通用要求》（GB/T 18487.1—2023）中的各项相关要求。

CC信号可分为CC1和CC2两种，直流充电桩可以根据CC1信号来对充电插座与充电插头之间的连接情况进行检测，而电动汽车则需要借助CC2信号来实现对二者之间的连接情况的检测；CAN信号通道主要包括S+和S−；辅助电源主要包括A+和A−，不同类型的电动汽车通常使用不同的电压，例如，当充电车辆为乘用车时，供电电压为12V，当充电车辆为客车时，供电电压则为24V。我国的国家标准中并未标明电动汽车在充电时必须使用辅助电源，因此用户在为车辆充电时可以从自身需求和实际情况出发，选择是否使用辅助电源。

除此之外，为了充分满足电动汽车的直流充电需求，汽车行业还需确保直流充电的电气原理图中的所有电阻值均符合国家标准，并在遵循国家标准的基础上使用控制器来完成各项关于直流充电的判断。

7.3.3 直流充电系统的控制策略

在符合国家标准的前提下，直流充电的电气原理图和相关通信协议还应符合国际格式和内容的标准。直流充电系统在为电动汽车的动力电池充电时，可以利用BMS和直流充电桩进行信息交互和检测，利用VCU进行辅助判断，从而达到提高执行控制的便捷性的效果。具体来说，直流充电的控制策略主要涉及以下几项内容：

① 当电动汽车不使用辅助电源时，充电电源为车辆的外部电源，存在稳定性和可靠性不足的问题。

② BMS可以对CC2信号进行检测，并借助CAN信号通道来进行信息传输，实现与直流充电桩之间的信息交互。

③ 当电动汽车未处于工作状态且直流充电插头已完全插入直流充电插座时，BMS将会对CC2信号进行检测，若BMS能够检测到CC2信号，那么车辆控制器则会实现自唤醒。

④ BMS在实现自唤醒后会继续唤醒VCU，并利用相关指令信息对车辆进行控制，将车辆状态转换到直流充电状态。

⑤ 直流充电桩可以对CC1信号进行检测，并根据检测结果对直流充电插头与直流充电插座之间的连接情况进行判断。

⑥ BMS可以向直流充电桩传输信息，也可以接收来源于直流充电桩的反馈信息。

⑦ 在接收到直流充电桩的反馈信息后，BMS会结合车辆状态信息来判断是否需要为电动汽车充电，并向直流充电桩发送相应的指令信息。

⑧ 在接收到来源于BMS的指令信息后，直流充电桩可以结合CC1信号和指令信息中所传达的内容来选择充电或断电。

⑨ 为了降低电量消耗，电动汽车会在满电或停止充电时进入休眠状态。

与交流充电相比，当电动汽车停止充电时，直流充电系统若要对其进行二次充电，就必须先拔出直流充电插头，然后再次将直流充电插头插入直流充电插座当中，以便确保充电的安全性。具体来说，直流充电过程如图7-24所示。

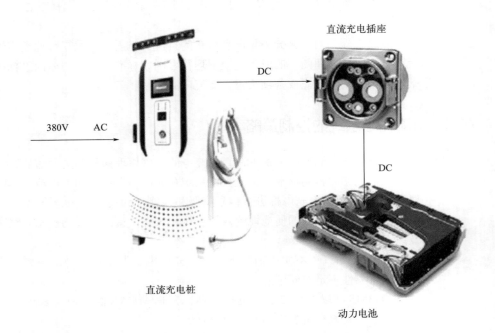

△图7-24　直流充电过程

一般来说，任何类型的电动汽车的充电系统都应符合国家标准。

交流充电具有输入电流较小的特点，不易出现电池发热、电池故障和电池使用寿命受损等问题。直流充电具有充电时间短的优势，但同时也存在易导致电池发热、使用寿命缩短等不足之处，甚至可能会引发电池起火、爆炸等安全事故。为了保障电池使用寿命，提高电池充电的安全性，电动汽车应尽量选择交流充电模式来进行充电。

与此同时，汽车行业还需进一步优化控制策略，借助车辆控制器对电池进行实时监测，以便及时发现并采取相应的措施处理过热、过压、过充、过流和绝缘阻值异常等问题，确保电动汽车充电的安全性。

7.4 无线充电系统原理与关键环节

7.4.1 无线充电的研究现状

新能源汽车是汽车产业未来的发展方向，充电技术又是新能源汽车领域的关键技术，无线充电技术将促使新能源汽车行业出现重大变革。有了无线充电技术，新能源汽车的充电将变得更加便利，同时也不必在充电站和充电桩上耗费大量成本。此外，采用无线充电技术，可以将电源与变压器置于地下，提升充电的安全性。

无线充电技术的大规模商业化应用，对于新能源汽车的发展具有重大意义，而新能源汽车产业的崛起和进步又将对汽车产业乃至整个国民经济产生巨大的推动作用。目前，新能源汽车领域的无线充电技术还存在充电标准、成本、安全隐患等方面的问题，在普及和推广上还有一段路要走。因此，推进无线充电技术的研究，是当前一项重要的技术任务。

（1）国内外无线充电技术的研究现状

依托于无线传输研究领域的先发优势，国外在新能源汽车无线充电的研究领域也居于领先地位，并进行了无线充电技术的实验，宝马、丰田等多家车企在其生产的新能源汽车上应用无线充电技术。日本的东京大学、琦玉大学，美国的犹他大学、密歇根大学和橡树岭国家实验室，新西兰的奥克兰大学，都是新能源汽车无线充电技术研究领域比较有代表性的高校或机构。

2007年，美国麻省理工学院的马林·索尔季奇（Marin Soljačić）教授率团队与汽车零部件制造公司Delphi展开合作，他们研发出了一套充电设施，可以帮助电动汽车实现无线充电。此外，日本的无线充电混动巴士、韩国的感应充电式观光车、Stellantis公司的无线充电公路"Arena del Futuro"（意为"未来竞技场"），都是无线充电领域值得一提的技术成果。

在国内，许多高校和企业也都参与到了新能源汽车无线充电技术的研究当中。高校方面有清华大学、东南大学、重庆大学等多所院校，主要研究方向为优化磁耦合设计、电磁兼容与屏蔽和系统建模与控制等。

2013年，全国第一辆采用无线充电技术的电动汽车问世，负责汽车研发的是东南大学黄学良教授团队。重庆大学孙跃教授团队从事新能源汽车无线充电研究多年，同样于2013年提出一种新能源汽车能量互充系统。清华大学赵争鸣教授团队发明了"电动高效率汽车无线充电系统"，该成果曾在日内瓦国际发明展上获得金奖。

企业方面，中兴新能源汽车公司的无线充电系统有着较为出色的性能，输出功率最大可达60kW，效率能够达到90%。有感科技公司研发出了可供3～30kW电动汽车使用的无线充电设备，并且能够以最高95%的转换效率将地面电源转化为车载电池能量。

除了研发以外，国内企业在无线充电的商业应用上也取得了一些成果。2021年，浙江万安科技股份有限公司宣布，公司准备在有限的规模内实现无线充电技术的量产。2022年，上汽集团旗下的新能源汽车品牌智己汽车在智己L7车型上落地了11kW无线充电方案。

（2）无线充电技术面临的挑战

① 充电标准不统一。在无线充电领域，存在着由不同的组织和企业发起的多种充电标准，当前被采用的有PMA标准、A4WP标准、Qi标准、Wi-Po技术与iNPOFi技术5种。对于严重阻碍着无线充电推广和发展的标准不统一问题，应予以及时有效的解决。

② 成本较高。无线充电的技术难度大，截至目前研究和发展的历史也相对较短，技术的成熟度还有待提高，这些因素导致了其成本比较高昂，尤其在性价比上与有线充电存在着较为明显的差距。在成本问题解决之前，无线充电很难实现大规模普及。

③ 安全隐患。在无线电波式无线充电技术中，电能向电磁波的转化过程会伴随高频辐射。此外充电时如果有动物等活体出现在充电板附近，或者是充电板上有金属物质，就会带来故障和安全隐患。针对这一问题，高通的无线充电系统已提供了解决方案，系统会及时检测到上述情况并发出警报，且为了防止危险的发生将立刻停止充电。

7.4.2 无线充电系统的技术原理

无线充电是一种利用充电器与用电设备之间的磁场进行电能传输的充电方式，且正在进行无线充电的设备通常与充电器之间的距离较近。从概念上来看，无线充电技术主要涉及电磁感应和磁共振两项内容。近年来，电动汽车对无线充电技术的需求越来越大，各项相关要求也越来越具体，如工作频率、传能距离、功率等级等，同时，技术方案中的电磁感应和磁共振也逐渐融合，共同构成"磁耦合"的概念，就目前来看，磁耦合已经成为大多数无线充电电动汽车的充电方案。

在无线充电系统中，地面发射端主要由供电电源、整流和电压调整电路、逆变电路、发射补偿网络、控制器和通信模块组成，车载接收端主要由负载、整流电路、接收补偿网络、控制器和通信模块组成，且地面发射端与车载接收端之间使用无线电能传输的方式进行充电，并无电缆连接。具体来说，无线充电系统示意图如图7-25所示。

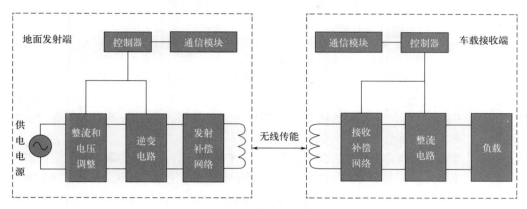

▲图7-25 无线充电系统示意图

从作用原理上来看，在地面发射端，整流和电压调整电路具有电流转换作用，能够将工频交流电转换成直流电。逆变电路同样具有电流转换作用，能够将直流电转换成高频交流电。发射线圈也具有转换作用，能够将来源于逆变电路的高频交流电进一步转换成高频交变磁场。发射补偿网络具有为发射线圈提供补偿的作用。在车载接收端，接收线圈具有还原作用，能够接收来源于地面发射端的磁场能量，并以磁耦合的方式将其还原成高频电能。接收补偿网络具有为接收线圈提供补偿的作用，整流电路具有电流转换作用，能够将高频交流电转换成直流电，以便为负载设备供能。

不仅如此，地面发射端和车载接收端还可以借助Wi-Fi、蓝牙、ZigBee等方式来进行无线通信，实现控制信号交互，其中，Wi-Fi是当前各类标准中最主要的无线通信方式。

（1）电磁感应式

电磁感应式无线充电技术的工作原理大致如下：在电磁感应原理的作用下，原边线圈和副边线圈之间会发生感应关系，原边线圈接上交流电源后会使副边线圈产生感应电压，这样电能就从一端传递到了另一端。

这种无线充电技术出现频率最高，通常用于小功率充电，比如手机充电等，这是由它本身的特点和局限决定的：两线圈之间的气缝以及空气间隙分别会对传输距离和传输效率产生限制。电磁感应式无线充电系统框图如图7-26所示。

图7-26 电磁感应式无线充电系统框图

（2）磁耦合共振式

2007年6月，麻省理工学院的马林·索尔季奇教授团队通过公开演示向人们介绍了磁耦合共振原理，马林教授将其命名为WiTricity（无线电力wireless electricity的简写）。研究团队在演示现场放置了一个直径为60cm的线圈，1.83m之外是一盏60W的灯泡，连接于另一线圈。当团队将前一个线圈通电时，灯泡被点亮了。

下面将介绍磁耦合共振式无线充电技术的工作过程。电源发出的电能进入电路，在高频逆变器的作用下由低压直流电逆变为高频低压交流电，并来到发射线圈。当发射线圈与接收线圈谐振频率一致时，磁共振才有可能发生。发射线圈的谐振频率为系统频率时，其内部的电流最大，磁场也将达到最强，假如接收线圈的谐振频率与其相同，则两者可借助耦合磁场实现共振。电能到达接收线圈后，还需要进行整流滤波以增强纯净度，最后电能输送到电池处，实现无线传输。

磁耦合共振技术的优点在于电能传输距离较远，可同时覆盖多个设备，且传输效率比较高，最高可超过90%。磁耦合共振式无线充电系统框图如图7-27所示。

图7-27 磁耦合共振式无线充电系统框图

（3）无线电波式

借助无线电波即电磁波传输电能，也是无线充电的实现方式之一。天线是无线电波式充电系统的重要部件，用来转换和传输能量。发射装置将电能转化为电磁波，接收装置收到电磁波后又将其转化为电能。这样的原理类似于早期的矿石收音机。

在新能源汽车领域，无线电波式充电技术没有受到太多重视，这是因为它优点有限，主要体现在传输距离上，而在多个方面存在缺陷，包括功率、效率，以及对人体的影响。无线电波式充电系统框图如图7-28所示。

（4）无线充电技术的比较

以上对三种无线充电技术进行了一番介绍，接下来将采用表格的方式直观

▲图7-28 无线电波式充电系统框图

地总结对比三种技术,如表7-2所示。从表中可见,综合考虑传输距离和传输功率,磁耦合共振式技术将是新能源汽车无线充电的最优解。

表7-2 三种无线充电技术比较

项目	电磁感应	磁耦合共振	无线电波
原理	电磁感应	磁耦合共振	电磁波辐射
传输功率	0~5W	数瓦到数千瓦	小于100mW
传输距离	数毫米到数厘米	数厘米到数米	数米到数千米
优点	转化效率高	传输距离远,功率大	传输距离远
缺点	传输距离短	对线圈设计要求高	传输损耗大
应用	小型电子设备充电	未来电动汽车无线充电主流	智能家居领域

7.4.3 无线充电的关键环节

按照系统设备功能模块划分,无线充电系统关键环节可分为功率变换电路、系统控制以及辅助功能三个环节。

(1) 功率变换电路环节

无线充电系统的功率变换电路包括地面端和车载端两部分。地面端功率变换电路部分包括输入电源、整流调压电路、逆变电路、地面端补偿网络和发射线圈,车载端功率变换电路包括接收线圈、车载端补偿网络、整流电路,其中发射线圈、接收线圈及其附件统称为磁耦合机构。车载端安装在车上,对设备的体积和重量较敏感。在系统功率变换电路中,高频电力电子电路(高频逆变、高频整流)、磁耦合机构以及补偿电路是其中的关键环节。

① 高频电力电子电路。无线充电系统电力电子电路主要涉及发射端的功率因数校正(power factor correction,PFC)模块、高频逆变模块以及接收端的高频整流模块、调压模块。各电路模块的高效稳定电能变换是整体系统高效安全运行的重要基础,电力电子电路的设计也是电动汽车无线充电系统整体效率突破的重点方向之一。新型电路拓扑和软开关技术的不断发展有利于提升各模块的电能变换效率,这也是目前电动汽车无线充电系统在电力电子电路方面的重点攻关方向。

此外，由常规半导体材料（如Si、GaAs等）制成的功率半导体器件在许多方面已接近材料自身的本征极限，开关频率和功率水平关系的局限性如图7-29所示。

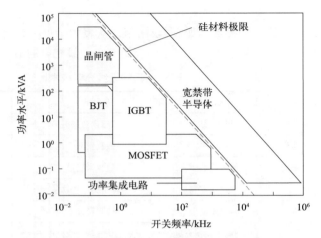

△图7-29 半导体材料的开关频率和功率水平关系

由于电动汽车无线充电系统工作频段较高，因此对大功率高频逆变和高频整流等电力电子电路提出了较高的要求，未来新型高频电力电子开关器件的应用也为进一步提升系统效率提供了新的思路。如图7-30所示，为了降低高频开关下的器件损耗，包括SiC、GaN等高开关频率低开关损耗的电力电子器件在电动汽车无线充电系统中逐渐得到应用。

(a)发射端高频逆变装置　　　　(b)发射端高频逆变电路

△图7-30 新型高频电力电子开关器件的应用

② 磁耦合机构。发射线圈、接收线圈及其附件组成了无线充电系统的磁耦合机构，除了实现磁场的能量传递外，磁耦合机构的性能还关系到电磁环境

的优劣、磁耦合机构本体发热程度、散热设计、不同系统兼容性以及经济成本等。

常见的磁耦合机构线圈结构有圆形和双D（DD）等，其绕线方式如图7-31所示。此外，根据应用场景的需求，如需要较大的偏移量、需要较均匀的磁场分布等，线圈结构也可采用其他的绕线方式。

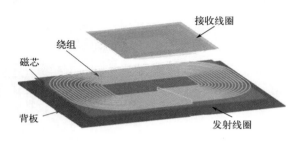

圆形

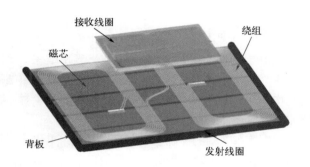

双D(DD)

△图7-31　不同磁耦合机构结构示意图

考虑到高频情形下导体的集肤效应和邻近效应，常用铜制实心导线一般难以满足无线充电系统高频工作的需求。为了降低磁耦合机构中的损耗、提升系统整体工作性能、降低磁耦合机构散热需求，空心铜管以及利兹线陆续被应用于电动汽车无线充电系统的磁耦合机构中，并逐渐成为业界共识。

在磁耦合机构设计中，为了实现更好的电磁环境特性，还需要考虑屏蔽材料的选择和安装结构。目前铝板为较常用的磁耦合机构电磁屏蔽材料，线圈、磁芯和铝板等部件的协同组合式设计是实现高性能磁耦合机构的关键。

③ 补偿电路。无线充电系统中收发端的补偿电路主要用于实现收发线圈的频率补偿，保证收发端谐振频率接近，提升系统性能。不同的补偿拓扑具有不同的系统特性，如图7-32所示为电动汽车无线充电系统典型补偿电路拓扑。

此外，拓扑选择和器件选型是补偿电路设计的重点。

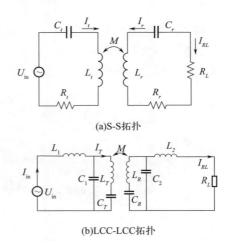

图 7-32　电动汽车无线充电系统典型补偿电路拓扑

（2）系统控制环节

系统控制包括功率控制、效率优化、频率跟踪、阻抗匹配、通信控制、安全控制等，其中地面端控制实现了对发射端整流调压电路、逆变电路、地面磁耦合机构等环节的控制和保护，车载端控制实现了对接收端磁耦合机构、整流电路和负载等环节的控制和保护。

地面端和车载端的控制主要有两种方式：单边控制和双边控制。所谓的单边控制是指系统输出功率等关键参数的调节由地面端或者车载端单独完成，另一端不参与调节。双边控制是指地面端和车载端同时参与系统整体调节。

双边控制把地面端和车载端的控制相对解耦，便于实现互操作。图 7-33 给出一种双边控制方法的结构示意图。图中车载端可实现对输出电流（或输出电压）的控制，地面端可实现对地面线圈电流（或逆变器输出电压）的控制。双边控制一般通过无线通信（Wi-Fi）方式实现数据交互。

（3）辅助功能环节

电动汽车无线充电的辅助功能主要包括异物检测（FOD）、活物检测（LOD）、引导对齐（PD）以及偏移检测等。

① 异物检测主要是检测充电区域内的金属等异物，避免这些物体由于涡流效应引起高温和起火的风险。

② 生物检测是为了避免人或宠物等生命体进入充电区域（该区域的电磁环境限值可以适当放宽）引起安全风险。

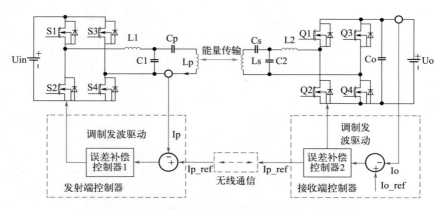

▲图 7-33 双边控制无线充电系统的拓扑和控制结构

③ 导引对齐是为了增加使用的便利性，如导引停车入库，可以为车辆或驾驶者实时提供地面设备和车载设备的相对位置，引导车辆停在可充电区域。

④ 位置检测是检测车载线圈和地面线圈的相对位置，保证车辆停在适合充电的位置范围内。

以上辅助功能是为了实现安全高效的无线充电以及提高无线充电的便捷性而配置的。

参考文献

[1] 马建, 刘晓东, 陈轶嵩, 等. 中国新能源汽车产业与技术发展现状及对策[J]. 中国公路学报, 2018, 31(08):1-19.

[2] 欧阳明高. 中国新能源汽车的研发及展望[J]. 科技导报, 2016, 34(06):13-20.

[3] 王震坡, 黎小慧, 孙逢春. 产业融合背景下的新能源汽车技术发展趋势[J]. 北京理工大学学报, 2020, 40(01):1-10.

[4] 胡晓松, 唐小林. 电动车辆锂离子动力电池建模方法综述[J]. 机械工程学报, 2017, 53(16):20-31.

[5] 国务院办公厅关于印发新能源汽车产业发展规划(2021—2035年)的通知[J]. 中华人民共和国国务院公报, 2020(31):16-23.

[6] 于占波. 二信部:解读《中国制造2025》规划系列之推动节能与新能源汽车发展[J]. 商用汽车, 2015(06):23-26.

[7] 刘彦龙. 中国锂离子电池产业发展现状及市场发展趋势[J]. 电源技术, 2019, 43(02):181-187.

[8] 李凌云. 中国新能源汽车用锂电池产业现状及发展趋势[J]. 电源技术, 2020, 44(04):628-630.

[9] 陈吉清, 翁楚滨, 兰凤崇, 等. 政策影响下的动力电池产业发展现状与趋势[J]. 科技管理研究, 2019, 39(09):148-157.

[10] 徐燕. 新能源汽车发展现状及趋势[J]. 汽车实用技术, 2020, 45(24):13-15.

[11] 王震坡, 袁昌贵, 李晓宇. 新能源汽车动力电池安全管理技术挑战与发展趋势分析[J]. 汽车工程, 2020, 42(12):1606-1620.

[12] 杨帆, 孔方方. 国内外新能源汽车动力电池发展及供求现状[J]. 上海汽车, 2014(09):3-8.

[13] 孙振宇, 王震坡, 刘鹏, 等. 新能源汽车动力电池系统故障诊断研究综述[J]. 机械工程学报, 2021, 57(14):87-104.

[14] 吕纯池. 新能源电动汽车核心技术发展现状与趋势综述[J]. 科技与创新, 2020(17):80-81.

[15] 张厚明. 我国新能源汽车动力电池产业发展面临的问题与建议[J]. 科学管理研究, 2018, 36(06):58-61.

[16] 袁博. 新能源汽车技术发展与趋势综述[J]. 现代商贸工业, 2018, 39(35):12-16.

[17] 李克卿, 陆文星, 梁昌勇. 管理视角下中国新能源汽车动力电池的回顾与展望[J]. 科技管理研究, 2020, 40(05):173-177.

[18] 王晓娟. 中国新能源汽车的发展现状及未来展望[J]. 时代汽车, 2022(04):107-108.

[19] 邓鹏毅, 彭忆强, 蔡云, 等. 新能源汽车产业技术及发展趋势[J]. 西华大学学报：自然科学版, 2017, 36(04):12.

[20] 郭强, 郑燕萍, 孙伟明. 新能源汽车动力电池关键技术的研究现状[J]. 山东工业技术, 2018(04):46-47.

[21] 何天慧. 政府监管下动力电池梯次利用闭环供应链三方演化博弈分析[J]. 辽宁工程技术大学学报(社会科学版), 2024, 26(03):184-191.

[22] 程晓琪. 动力电池的发展与挑战——从液态电池到全固态电池[J]. 汽车与新动力, 2024, 7(03):5-7.

[23] 吕龙. 新能源汽车无线充电系统设计与分析[J]. 农机使用与维修, 2023(10):46-49.

[24] 陈云可, 陆水芳, 陈柏兴, 等. 基于我国新能源汽车动力电池专利分析的广东省发展策略与建议[J]. 科技创新与应用, 2023, 13(36):15-18.

[25] 周少杰. 新能源汽车动力电池热失控机理和安全风险管控方法的研究[J]. 时代汽车, 2024(03):80-82.

[26] 杨丽君. 新能源汽车充电系统及常见故障探讨[J]. 内燃机与配件, 2024(03):69-71.

[27] 百合提努尔·阿地里江·阿不力米提. 电动汽车电池管理系统电池状态估算及均衡技术[J]. 时代汽车, 2024(06):123-125.

[28] 李媛, 时进钢, 陈楠, 等. 中国锂动力电池产业链污染调查评估及风险管控[J]. 环境污染与防治, 2024, 46(03):387-391, 399.

[29] 翟端正, 王思杰, 牛治锋. 纯电动汽车动力电池热管理技术探析[J]. 汽车电器, 2024(03):28-29.

[30] 程晓琪. 我国动力电池回收与再利用政策研究[J]. 汽车与新动力, 2024, 7(02):94-96.

[31] 吴泽林. 全球动力电池竞争及其影响[J]. 现代国际关系, 2024(03):5-24, 133.

[32] 范子琛, 钟尚江. 新能源汽车动力电池技术应用研究——以锂离子电池为例[J]. 汽车测试报告, 2024(02):49-51.

[33] 龙琴, 袁淼. 动力电池绿色设计综述[J]. 汽车文摘, 2024(05):16-22.

[34] 王小林. 新能源汽车动力电池安全问题分析及解决策略[J]. 时代汽车, 2023(24):112-114.

[35] 黄宏成, 张英杰. 我国动力电池回收利用标准体系分析[J]. 上海汽车, 2023(12):1-4.

[36] 王娟, 洪旸, 刘菁昊. 新能源汽车动力电池应用现状及发展探析[J]. 时代汽车, 2024(03):77-79.

[37] 冯中伟, 晁乾坤, 谭春桥. 考虑动力电池回收的电动汽车制造商竞争与竞合策略选择[J]. 系统工程理论与实践, 2024, 44(02):625-653.

[38] 何锡添. 用于电池管理系统测试的虚拟电池组及相关技术研究[D]. 北京：北京交通大学, 2022.

[39] 蔡天麐. 新能源汽车动力电池的热行为及热管理的优化研究[D]. 南京：南京邮电大学, 2023.

[40] 邵明宽. 基于无线通信的电动汽车锂电池管理系统的硬件设计和实现[D]. 南京：东南

大学, 2021.

[41] 詹大琳, 蕢丽莹, 卢欣欣. 基于BMS的电动汽车电池管理系统控制[J]. 专用汽车, 2022(02): 18-21.

[42] 张凯. 新能源汽车动力电池热管理系统研究[J]. 专用汽车, 2022(09):18-20.

[43] 涂伟. 基于功能安全的乘用汽车动力电池管理系统的设计与开发[D]. 南昌：华东交通大学, 2020.

[44] 杨思敏. 基于STM32的电池管理系统设计[D]. 锦州：辽宁工业大学, 2020.

[45] 张梓麒. 电动汽车新能源充电系统规划与运行策略研究[D]. 南京：东南大学, 2019.

[46] 范祖良. 新能源汽车电池无线充电功率控制系统设计[J]. 科技创新与应用, 2020(24):73-74, 77.

[47] 张利. 新能源汽车动力电池热管理系统优化[J]. 汽车与新动力, 2023, 6(01):40-42.

[48] 陈素华, 昌莹. 锂离子动力电池热失控机理及热管理技术研究进展[J]. 中国科学基金, 2023, 37(02):187-198.

[49] 覃小婷. 电池管理系统硬件在环测试平台的设计与实现[D]. 南宁：广西大学, 2022.

[50] 陈永红, 何林键. 新能源汽车动力电池热管理技术浅析[J]. 时代汽车, 2023(19):76-78.

[51] 王禹甸. 新能源汽车动力电池安全管理技术的挑战与发展趋势[J]. 汽车与新动力, 2023, 6(05):61-64.

[52] 杨阳, 邱志卓, 邓方, 等. 新能源汽车充电设施建设及快速充电系统研究[J]. 时代汽车, 2020(23):94-95.

[53] 李冠中, 李琛研. 低温环境下纯电动汽车动力电池热管理方法[J]. 汽车实用技术, 2023, 48(06):10-16.

[54] 田进龙. 基于STM32的锂电池管理系统设计与实现[D]. 武汉：华中科技大学, 2020.

[55] 刘子豪. 新能源汽车智能充电优化控制系统[J]. 时代汽车, 2022(01):121-122.

[56] 陈碧雯. 新能源汽车动力电池应用现状及发展探讨[J]. 时代汽车, 2023(21):95-97.

[57] 陈小长. 新能源汽车动力电池回收现状及策略研究[J]. 时代汽车, 2023(21):101-103.

[58] 张宝利. 基于功能安全的电动汽车电池管理系统架构设计[D]. 北京：北京交通大学, 2019.

[59] 王晋军. 我国新能源汽车动力锂电池现状及发展[J]. 质量与认证, 2020(08):42-43.

[60] 王芳, 王峥, 林春景, 等. 新能源汽车动力电池安全失效潜在原因分析[J]. 储能科学与技术, 2022, 11(05):1411-1418.

[61] 张长煦, 倪子潇. 车用三元锂电池与磷酸铁锂电池对比分析[J]. 汽车实用技术, 2019(23):28-29, 65.

[62] 王佳, 方海峰, 吴松泉. 关于我国新能源汽车产业发展换电模式的思考[J]. 汽车纵横, 2019(01):43-45.

[63] 曹铭. 电池管理系统关键技术研究及测试系统构建[D]. 南昌：南昌大学, 2020.

[64] 兰凤崇, 李诗成, 陈吉清, 等. 基于专利分析的锂离子动力电池产业发展趋势[J]. 科技管理研究, 2019, 39(12):144-150.

[65] 王佳, 黄秀蓉. 废旧动力电池的危害与回收[J]. 生态经济, 2021, 37(12):5-8.

[66] 陈翌, 白云飞, 何瑛. 数据驱动的锂电池健康状态估算方法比较[J]. 储能科学与技术,

2019, 8(06):1204-1210.

[67] 张辉明. 新能源汽车用锂电池热管理系统研究[D]. 济南：山东大学, 2017.

[68] 王天雅, 宋端梅, 贺文智, 等. 废弃动力锂电池回收再利用技术及经济效益分析[J]. 上海节能, 2019(10):814-820.

[69] 高驰. 一文读懂《节能与新能源汽车技术路线图2.0》:2035年新能源市场占比超50%[J]. 汽车与配件, 2020(21):40-41.

[70] 左培文, 朱培培, 邵丽青. 新能源汽车动力电池产业发展特点与趋势分析[J]. 汽车文摘, 2022(01):1-7.

[71] 董庆银, 谭全银, 郝硕硕, 等. 北京市新能源汽车动力电池回收模式及经济性分析[J]. 科技管理研究, 2020, 40(20):219-225.

[72] 王震坡, 李晓宇, 袁昌贵, 等. 大数据下电动汽车动力电池故障诊断技术挑战与发展趋势[J]. 机械工程学报, 2021, 57(14):52-63.

[73] 刘焱, 胡清平, 陶芝勇, 等. 锂离子动力电池技术现状及发展趋势[J]. 中国高新科技, 2018(07):58-64.

[74] 郝硕硕, 董庆银, 李金惠. 基于成本核算的废旧动力电池回收模式分析与趋势研究[J]. 中国环境科学, 2021, 41(10):4745-4755.

[75] 陈力维, 高润泽. 我国新能源汽车技术发展现状分析[J]. 交通节能与环保, 2021, 17(06):14-19.

[76] 闫培泽. 新能源汽车动力电池绿色高效回收路径研究[J]. 濮阳职业技术学院学报, 2024, 37(03):17-21.

[77] 王玉彪, 巩擎宇, 郭继崇. 新能源汽车动力电池管理系统实验平台的设计与开发[J]. 内燃机与配件, 2024(12):95-98.

[78] 李钰. 新能源汽车动力电池应用现状及发展趋势探析[J]. 内燃机与配件, 2024(12):132-134.

[79] 刘俊. 新能源汽车锂离子动力电池安全性分析[J]. 时代汽车, 2024(11):94-96.